CÓMO ENTENDER EL
FUTURO

UNA DE LAS SIETE PARTES DE LA *TEOLOGÍA SISTEMÁTICA* DE GRUDEM

CÓMO ENTENDER EL
FUTURO

UNA DE LAS SIETE PARTES DE LA *TEOLOGÍA SISTEMÁTICA* DE GRUDEM

WAYNE GRUDEM

La misión de Editorial Vida es ser la compañía líder en satisfacer las necesidades de las personas con recursos cuyo contenido glorifique al Señor Jesucristo y promueva principios bíblicos.

COMO ENTENDER EL FUTURO
Edición en español publicada por
Editorial Vida
Miami, Florida

© 2007, 2012 por Wayne Grudem

Originally published in the USA under the title:
Making Sense of the Future
Copyright © 1994, 2011 by Wayne Grudem
Published by permission of Zondervan, Grand Rapids, Michigan 49530

Diseño interior: *Rojas & Rojas Editores, Inc*
Adaptación de cubierta: *Gus Camacho*
Diseño de cubierta: *Rob Monacelli*

ISBN: 978-0-8297-6054-5

CATEGORÍA: *Teología Cristiana / General*

IMPRESO EN ESTADOS UNIDOS DE AMÉRICA
PRINTED IN THE UNITED STATES OF AMERICA

12 13 14 15 ❖ 6 5 4 3 2 1

CONTENIDO

PREFACIO

No he escrito este libro para otros profesores de teología (aunque espero que muchos de ellos lo lean). Lo he escrito para estudiantes; y no solo para estudiantes, sino también para todo creyente que tenga hambre de saber las doctrinas centrales de la Biblia con mayor profundidad.

He tratado de hacerlo comprensible incluso para creyentes que nunca antes han estudiado teología. He evitado usar términos técnicos sin primero explicarlos. La mayoría de los capítulos se pueden leer de manera independiente, de modo que cualquiera puede empezar en cualquier capítulo y comprenderlo sin tener que leer el material previo.

Los estudios introductorios no tienen que ser superficiales ni simplistas. Estoy convencido de que la mayoría de los creyentes puede comprender las enseñanzas doctrinales de la Biblia con considerable profundidad, siempre y cuando se las presenten en forma clara y sin usar lenguaje altamente técnico. Por consiguiente, no he vacilado en hablar con algún detalle de disputas teológicas en donde me ha parecido necesario.

Sin embargo, este libro es con todo una *introducción* a la teología sistemática. Se han escrito libros enteros sobre los temas que se cubren en cada capítulo de este libro, y se han escrito artículos enteros sobre muchos de los versículos que se citan aquí. Por consiguiente, cada capítulo puede abrirse a estudio adicional con mayor amplitud y mayor profundidad para los que se interesan. Las bibliografías al final de cada capítulo darán alguna ayuda en esa dirección, para los que entienden inglés.

Los siguientes seis rasgos distintivos de este libro brotan de mis convicciones en cuanto a lo que es la teología sistemática y cómo se debe enseñar:

1. Una base bíblica clara para las doctrinas. Debido a que estoy convencido que la teología debe basarse explícitamente en las enseñanzas de la Biblia, en cada capítulo he intentado señalar cuando la Biblia respalda las doctrinas que se están considerando. Es más, debido a que creo que las palabras de las Escrituras en sí mismas tienen mayor peso y autoridad que cualquier palabra humana, no menciono simplemente referencias bíblicas; frecuentemente he *citado* pasajes bíblicos extensos para que los lectores puedan examinar fácilmente por sí mismos la evidencia bíblica y de esa manera ser como los nobles bereanos, quienes «con toda avidez y todos los días examinaban las Escrituras para ver si era verdad lo que se les anunciaba» (Hch 17:11). Esta convicción en cuanto a la naturaleza singular de la Biblia como palabra de Dios también ha llevado a la inclusión de pasajes bíblicos para memorizar al final de cada capítulo.

2. Claridad en la explicación de las doctrinas. No creo que Dios quiso que el estudio de la teología resultara en confusión y frustración. El estudiante que sale de un curso de teología lleno solo con incertidumbre doctrinal y mil preguntas sin contestación pienso que difícilmente «pueda exhortar a otros con la sana doctrina y refutar a los que se opongan» (Tit 1:9). Por consiguiente he tratado de indicar la posición doctrinal de este libro claramente y mostrar en qué lugar de la Biblia hallo evidencia convincente para estas posiciones. No espero que todo el que lea este libro concuerde conmigo en todo punto de doctrina; pero sí pienso que todo lector entenderá las posiciones que propongo y en qué lugar de la Biblia se puede hallar respaldo para esas posiciones.

Esto no quiere decir que paso por alto otros puntos de vista. En donde hay diferencias doctrinales dentro del cristianismo evangélico he tratado de presentar con justicia otras posiciones, explicar por qué discrepo de ellas, y dar referencias de las mejores defensas disponibles para las posiciones opuestas. (Si no he logrado presentar acertadamente un punto de vista opuesto apreciaría una carta de cualquiera que sostenga ese punto de vista, e intentaré hacer correcciones si se publica una edición subsecuente de este libro).

3. Aplicación a la vida. No creo que Dios haya querido que el estudio de teología fuera tedioso y aburrido. ¡La teología es el estudio de Dios y todas sus obras! ¡La teología tiene el propósito de que uno la *viva* y la *eleve en oración* y la *cante!* Todos los grandes escritos doctrinales de la Biblia (como la epístola de Pablo a los Romanos) están llenos de alabanzas a Dios y aplicación personal a la vida. Por esta razón he incorporado notas de aplicación de tiempo en tiempo en el texto, y añadido «Preguntas para aplicación personal» al final de cada capítulo, todo relacionado con el tema de ese capítulo. La verdadera teología es «doctrina que es conforme a la piedad» (1 Ti 6:3, RVR 1960), y la teología, cuando se estudia apropiadamente, conducirá a crecimiento en nuestras vidas cristianas y a la adoración.

4. Enfoque en el mundo evangélico. No pienso que un verdadero sistema de teología se pueda construir desde lo que podríamos llamar la tradición teológica «liberal», es decir, de personas que niegan la absoluta veracidad de la Biblia, o que piensan que las palabras de la Biblia no son exactamente palabras de Dios. Por esta razón, los otros escritores con quienes dialogo en este libro están en su mayoría dentro de lo que hoy se llama la tradición «evangélica conservadora» más amplia; desde los grandes reformadores Juan Calvino y Martín Lutero, hasta los escritos de los eruditos evangélicos de hoy. Escribo como evangélico y para evangélicos. Esto no quiere decir que los que siguen la tradición liberal no tengan nada valioso que decir; sino que las diferencias con ellos casi siempre se reducen a diferencias en cuanto a la naturaleza de la Biblia y su autoridad. La cantidad de acuerdo doctrinal que se puede lograr con personas que tienen bases ampliamente divergentes de autoridad es muy limitada. Claro, los profesores pueden siempre asignar lecturas adicionales de teólogos liberales de interés actual, y estoy agradecido por mis amigos evangélicos que escriben críticas extensas de la teología liberal. Pero no pienso que todos están llamados a hacer eso, ni que un análisis extenso de nociones liberales sea la manera más útil de edificar un sistema positivo de teología basado en la total veracidad de toda la Biblia. De hecho, de alguna manera como el niño del cuento de Hans Christian Andersen que gritaba: «¡El emperador no lleva ropa!», pienso que alguien necesita decir que es dudoso que los teólogos liberales nos hayan dado alguna noción significativa de las enseñanzas doctrinales de la Biblia que no se halle ya en los escritores evangélicos.

No siempre se aprecia que el mundo de la erudición evangélica conservadora es tan rico y diverso que permite amplia oportunidad para la exploración de diferentes puntos de vista y nociones de la Biblia. Pienso que a la larga logramos mucha más profundidad de comprensión de la Biblia cuando podemos estudiarla en compañía de un gran número de eruditos que parten de la convicción de que la Biblia es completamente veraz y absolutamente autoritativa.

5. Esperanza de progreso en la unidad doctrinal en la iglesia. Creo que todavía hay mucha esperanza de que la iglesia logre una comprensión doctrinal más honda y más pura, y que supere viejas barreras, incluso las que han persistido por siglos. Jesús está obrando en perfeccionar su iglesia «para presentársela a sí mismo como una iglesia radiante, sin mancha ni arruga ni ninguna otra imperfección, sino santa e intachable » (Ef 5:27), y ha dado dones para equipar a la iglesia, y «de este modo, todos llegaremos a la unidad de la fe y del conocimiento del Hijo de Dios» (Ef 4:13). Aunque la historia pasada de la iglesia puede desalentarnos, estos pasajes bíblicos siguen siendo ciertos, y no debemos abandonar la esperanza de un acuerdo mayor. Es más, en este siglo ya hemos visto una comprensión mucho mayor y algún acuerdo doctrinal mayor entre los teólogos del pacto y dispensacionalistas, y entre carismáticos y no carismáticos; todavía más, pienso que la comprensión de la iglesia respecto a la inerrancia bíblica y los dones del Espíritu también ha aumentado significativamente en las últimas décadas. Creo que el debate presente sobre los apropiados papeles del hombre y la mujer en el matrimonio y en la iglesia a la larga resultará igualmente en una comprensión mucho mayor de la enseñanza bíblica, por dolorosa que la controversia pueda ser al presente. Por consiguiente, en este libro no he vacilado en levantar de nuevo algunas de las viejas diferencias sobre algunos temas con la esperanza de que, por lo menos en algunos casos, un vistazo fresco a la Biblia pueda provocar un nuevo examen de estas doctrinas y tal vez pueda impulsar algún movimiento no solo hacia una mayor comprensión y tolerancia de otros puntos de vista, sino incluso a un consenso doctrinal mucho mayor en la iglesia.

6. Un sentido de la urgente necesidad de una mayor comprensión doctrinal en toda la iglesia. Estoy convencido de que hay una necesidad urgente en la iglesia cristiana hoy de una mayor comprensión de la doctrina cristiana, o teología sistemática. No solo los pastores y maestros necesitan entender la teología con mayor profundidad, sino que *la iglesia entera* lo necesita también. Un día, por la gracia de Dios, quizá podamos tener iglesias llenas de creyentes que puedan debatir, aplicar, y *vivir* las enseñanzas doctrinales de la Biblia con tanta facilidad como hablan de los detalles de sus trabajos o pasatiempos o la suerte de su equipo favorito de deportes o programa de televisión. No es que los creyentes carezcan de *capacidad* para entender la doctrina; es simplemente que deben tener acceso a ella en una forma comprensible. Una vez que eso tenga lugar, pienso que muchos creyentes hallarán que comprender (y vivir) las doctrinas de la Biblia es una de sus mayores alegrías.

«Den gracias al Señor, porque él es bueno; su gran amor perdura para siempre». (Sal 118:29)

«La gloria, Señor, no es para nosotros; no es para nosotros sino para tu nombre». (Sal 115:1)

Wayne Grudem
Seminario Phoenix
4222 E. Thomas Road/Suite 400
Phoenix, Arizona 85018 USA

ABREVIATURAS

BAGD	*A Greek-English Lexicon of the New Testament and Other Early Christian Literature*. Ed. Walter Bauer. Rev. y trans. Wm. Arndt, F. W. Gingrich, y F. Danker. University of Chicago Press, Chicago, 1979.
BDB	*A Hebrew and English Lexicon of the Old Testament*, F. Grown, S. R. Driver, and C. Briggs. Clarendon Press, Oxford, 1907; reimpreso, con correcciones, 1968.
BETS	*Bulletin of the Evangelical Theological Theology*
BibSac	*Bibliotheca Sacra*
cf.	compare
CRSQ	*Creation Research Society Quarterly*
CT	*Christianity Today*
CThRev	*Criswell Theological Review*
EBC	*Expositor's Bible Commentary*, Frank E. Gaebelein, ed. Zondervan, Grand Rapids, 1976.
ed.	editor, edición
EDT	*Evangelical Dictionary of Theology*. Walter Elwell, ed. Baker, Grand Rapids, 1984.
et al.	y otros
IBD	*The Illustrated Bible Dictionary*. Ed. J. D. Douglas, et al. 3 tomos. Inter-Varsity Press, Leicester, y Tyndale House, 1980.
ISBE	*International Standard Bible Encyclopedia*. Edición revisada. G. W. Bromiley, ed. Eerdmans, Grand Rapids, 1982.
JAMA	*Journal of the American Medical Association*.
JBL	Journal of Biblica Literature
JETS	*Journal of the Evangelical Theological Society*
JSOT	*Journal for the Study of the Old Testament*
KJV	Versión King James (Versión inglesa autorizada)
LSJ	*A Greek-English Lexico*, novena edición. Henry Liddell, Robert Scott, H. S. Jones, R. McKenzie. Clarendon Press, Oxford, 1940
LBLA	La Biblia de las Américas
LXX	Septuaginta
n.	nota
n.f.	no dice la fecha de publicación
n.l.	no dice el lugar de publicación
NASB	New American Standard Bible
NDT	*New Dictionary of Theology*. S. B. Ferguson, D. F. Wright, J. I. Packer, editores. Inter-Varsity Press, Downers Grove, Ill., 1988.

NIDCC	*New International Dictionary of the Christian Church*. Ed. J. D. Douglas et al. Zondervan, Grand Rapids, 1974.
NIDCC	*New International Dictionary of New Testament Theology*. 3 tomos. Colin Brown, gen. ed. Zondervan, Grand Rapids, 1975-78
NIGTC	*New International Greek Testament Commentaries*
NIV	New International Version
NVI	Nueva Versión Internacional
NTS	*New Testament Studies*
ODCC	*Oxford Dictionary of the Christian Church*. Ed. F. L. Cross. Oxford University Press, Londres y Nueva York, 1977.
rev.	revisada
RVR 1960	Versión Reina Valera, revisión de 1960
TB	*Tyndale Bulletin*
TDNT	*Theological Dictionary of the New Testament*, 10 tomos. G. Kittel y G. Friedrich, editores; trad. G. W. Bromiley. Eerdmans, Grand Rapids, 1964-76.
TNTC	Tyndale New Testament Commentaries
TOTC	Tyndale Old Testament Commentaries
trad.	traducido por
VP	Versión Popular (*Dios Habla Hoy*)
WBC	Word Biblical Commentary
WTJ	*Westminster Theological Journal*

Capítulo 1

INTRODUCCIÓN A LA TEOLOGÍA SISTEMÁTICA

¿Qué es teología sistemática?
¿Por qué los creyentes deben estudiarla?
¿Cómo debemos estudiarla?

EXPLICACIÓN Y BASE BÍBLICA

A. Definición de teología sistemática

¿Qué es teología sistemática? Se han dado muchas definiciones diferentes, pero para los propósitos de este libro se usará la siguiente definición: *Teología sistemática es cualquier estudio que responde a la pregunta «¿Qué nos enseña toda la Biblia hoy?» respecto a algún tema dado*[1].

Esta definición indica que la teología sistemática incluye la recolección y comprensión de todos los pasajes relevantes de la Biblia sobre varios temas y luego un resumen claro de sus enseñanzas de modo que sepamos qué creer en cuanto a cada tema.

1. Relación con otras disciplinas. El énfasis de este libro no estará, por consiguiente, en la *teología histórica* (el estudio histórico de cómo los cristianos en diferentes períodos han entendido los varios temas teológicos) ni en la *teología filosófica* (el estudio de temas teológicos principalmente sin el uso de la Biblia, sino usando las herramientas y métodos del razonamiento filosófico y lo que se puede saber en cuanto a Dios al observar el universo) ni *apologética* (la provisión de una defensa de la veracidad de la fe cristiana con el propósito

---

[1]Esta definición de teología sistemática la tomo del profesor John Frame, ahora en el Westminster Seminary de Escondido, California, bajo quien tuve el privilegio de estudiar de 1971 a 1973 (en el Seminario Westminster, Filadelfia). Aunque es imposible reconocer mi deuda a él en todo punto, es apropiado expresar mi gratitud a él en este punto, y decir que probablemente ha influido en mi pensamiento teológico más que cualquier otra persona, especialmente en los asuntos cruciales de la naturaleza de la teología sistemática y la doctrina de la palabra de Dios. Muchos de sus ex alumnos reconocerán ecos de sus enseñanzas en las páginas que siguen, especialmente en esos dos asuntos.

de convencer a los que no creen). Estos tres asuntos, aunque son temas dignos de que los creyentes los estudien, a veces se incluyen en una definición más amplia del término *teología sistemática*. De hecho, algo de consideración de asuntos históricos, filosóficos y apologéticos se halla en algunos puntos en todo este libro. Esto se debe a que el estudio histórico nos informa de los conceptos adquiridos y las equivocaciones previamente cometidas por otros al entender la Biblia; el estudio filosófico nos ayuda a entender el bien y el mal mediante formas comunes en nuestra cultura y otras; y el estudio de la apologética nos ayuda a llegar al punto en que las enseñanzas de la Biblia afectan las objeciones que levantan los que no creen. Pero esos aspectos de estudio no son el enfoque de esta obra, que más bien interactúa directamente con el texto bíblico a fin de entender lo que la Biblia misma nos dice respecto a varios temas teológicos.

Si alguien prefiere usar el término *teología sistemática* en el sentido más amplio que acabo de mencionar en lugar del sentido estrecho que se ha definido arriba, no habrá mucha diferencia[2]. Los que usan una definición más estrecha concordarán en que estos otros aspectos de estudio definitivamente contribuyen de una manera positiva a nuestra comprensión de la teología sistemática, y los que usan una definición más amplia por cierto concordarán en que la teología histórica, la teología filosófica y la apologética se pueden distinguir del proceso de recoger y sintetizar todos los pasajes relevantes de la Biblia sobre varios temas. Además, aunque los estudios históricos y filosóficos en efecto contribuyen a nuestra comprensión de las cuestiones teológicas, solo la Biblia tiene la autoridad final para definir qué debemos creer[3], y es, por consiguiente, apropiado dedicar algún tiempo a enfocar el proceso de analizar la enseñanza de la Biblia misma.

La teología sistemática, según la hemos definido, también difiere de la teología del Antiguo Testamento, la teología del Nuevo Testamento y la teología bíblica. Estas tres disciplinas organizan sus temas históricamente y en el orden en que los temas están presentados en la Biblia. Por consiguiente, en la teología del Antiguo Testamento uno pudiera preguntar: «¿Qué enseña Deuteronomio sobre la oración?» o «¿Qué enseña Salmos en cuanto a la oración?» o «¿Qué enseña Isaías en cuanto a la oración?» o incluso, «¿Qué enseña todo el Antiguo Testamento en cuanto a la oración, y cómo se desarrolla esa enseñanza en la historia del Antiguo Testamento?». En la teología del Nuevo Testamento uno pudiera preguntar: «¿Qué enseña el Evangelio de Juan sobre la oración?» o «¿Qué enseña Pablo en cuanto a la oración?» o incluso «¿Qué enseña el Nuevo Testamento en cuanto a la oración y cuál es el desarrollo histórico de esa enseñanza conforme progresa a través del Nuevo Testamento?».

«Teología bíblica» tiene un significado técnico en los estudios teológicos. Es la categoría más amplia que contiene la teología del Antiguo Testamento y la teología del Nuevo Testamento, según las hemos definido arriba. La teología bíblica da atención especial

---

[2]Gordon Lewis y Bruce Demarest han acuñado una nueva frase: «teología integradora», para referirse a la teología sistemática en ese más amplio sentido; véase su excelente obra en tres volúmenes, *Integrative Theology* (Zondervan, Grand Rapids, 1996). En cada doctrina ellos analizan alternativas históricas y pasajes bíblicos pertinentes, dan un sumario coherente de la doctrina, responden a objeciones filosóficas y dan aplicación práctica.

[3]Charles Hodge dice: «The Scriptures contain all the Facts of Theology [Las Escrituras contienen todos los datos de la teología]» (subtítulo de sección en *Systematic Theology*, 1:15). Arguye que las ideas que se adquieren por intuición, observación o experiencia son válidas en teología solo si cuentan con respaldo de la enseñanza de la Biblia.

a las enseñanzas de *autores individuales y secciones* de la Biblia, y el lugar de cada enseñanza en el *desarrollo histórico* de la Biblia[4]. Así que uno pudiera preguntar: «¿Cuál es el desarrollo histórico de la enseñanza en cuanto a la oración según se ve a través de la historia del Antiguo Testamento y después del Nuevo Testamento?». Por supuesto, esa pregunta es muy parecida a esta: «¿Qué nos enseña la Biblia hoy en cuanto a la oración?» (Lo que sería *teología sistemática* según nuestra definición). Se hace entonces evidente que las líneas limítrofes entre estas varias disciplinas a menudo se superponen en los bordes, y partes de un estudio se combinan con el siguiente. Sin embargo, hay con todo una diferencia, porque la teología bíblica rastrea el desarrollo histórico de una doctrina y la manera en que el lugar de uno en algún punto en ese desarrollo histórico afecta la comprensión y aplicación de uno en cuanto a esa doctrina en particular. La teología bíblica también enfoca la comprensión de cada doctrina que los autores bíblicos y sus oyentes o lectores originales tenían.

La teología sistemática, por otro lado, hace uso del material de la teología bíblica y a menudo edifica sobre los resultados de la teología bíblica. En algunos puntos, especialmente en donde se necesita gran cuidado y detalles en el desarrollo de una doctrina, la teología sistemática usará incluso un método teológico bíblico, analizando el desarrollo de cada doctrina mediante el desarrollo histórico de la Biblia. Pero el enfoque de la teología sistemática sigue siendo diferente: su enfoque es la recolección y luego un sumario de la enseñanza de todos los pasajes bíblicos sobre un tema en particular. La teología sistemática pregunta, por ejemplo: «¿Qué nos enseña hoy la Biblia entera en cuanto a la oración?». Procura resumir las enseñanzas de la Biblia en una declaración breve, comprensible y cuidadosamente formulada.

2. Aplicación a la vida. Además, la teología sistemática se concentra en hacer un resumen de cada doctrina como deberían entenderla los creyentes del día presente. Esto a veces incluirá el uso de términos e incluso conceptos que en sí mismos no fueron usados por ningún autor bíblico individual, pero que son el resultado apropiado de combinar las enseñanzas de dos o más autores bíblicos sobre un tema en particular. Los términos *Trinidad, encarnación* y *deidad de Cristo* por ejemplo, no se hallan en la Biblia, pero constituyen un resumen útil de conceptos bíblicos.

Definir la teología sistemática para incluir «lo que toda la Biblia *nos enseña* hoy» implica que la aplicación a la vida es una parte necesaria del correcto empeño de la teología sistemática. Por tanto, una doctrina bajo consideración se ve en términos de su valor práctico para vivir la vida cristiana. En ninguna parte de la Biblia hallamos doctrinas que se estudian por estudiarlas o aisladas de la vida. Los escritores bíblicos siempre aplicaban a la vida sus enseñanzas. Por consiguiente, cualquier cristiano que lea este libro debe hallar su vida cristiana enriquecida y profundizada durante este estudio; ciertamente, si el crecimiento espiritual personal no ocurre, el autor no ha escrito apropiadamente este libro, o el lector no lo ha estudiado correctamente.

---

[4]El término «teología bíblica» puede parecer natural y apropiado para el proceso que he llamado «teología sistemática». Sin embargo, su uso en estudios teológicos para referirse al rastreo de desarrollos históricos de doctrinas a través de la Biblia está demasiado bien establecido, así que empezar a usar ahora el término *teología bíblica* para referirse a lo que yo he llamado *teología sistemática* resultaría en confusión.

3. Teología sistemática y teología desorganizada. Si usamos esta definición de teología sistemática, se verá que la mayoría de los creyentes en realidad hacen teología sistemática (o por lo menos declaraciones teológicas sistemáticas) muchas veces por semana. Por ejemplo: «La Biblia dice que todo el que cree en Cristo será salvo». «La Biblia dice que Jesucristo es el único camino a Dios». «La Biblia dice que Jesús viene otra vez». Todos estos son resúmenes de lo que la Biblia dice y, como tales, son afirmaciones teológicas sistemáticas. Es más, cada vez que el creyente dice algo en cuanto a lo que dice toda la Biblia, en un sentido está haciendo «teología sistemática, conforme a nuestra definición, al pensar en varios temas y responder a la pregunta: «¿Qué nos enseña toda la Biblia hoy?»»[5].

¿Cómo difiere entonces este libro de la «teología sistemática» que la mayoría de los cristianos hacen? Primero, trata los temas bíblicos *de una manera cuidadosamente organizada* para garantizar que todos los temas importantes reciben consideración cabal. Tal organización también provee cierta verificación contra un análisis inexacto de temas individuales, porque quiere decir que todas las otras doctrinas que se tratan pueden ser comparadas con cada tema por uniformidad en metodología y ausencia de contradicciones en las relaciones entre las doctrinas. Esto también ayuda a asegurar una consideración balanceada de doctrinas complementarias: la deidad de Cristo y su humanidad se estudian juntas, por ejemplo, así como también la soberanía de Dios y la responsabilidad del hombre, de modo que no se deriven conclusiones erradas de un énfasis desequilibrado en solo un aspecto de la presentación bíblica completa.

De hecho, el adjetivo *sistemática* en teología sistemática se debe entender como «organizada cuidadosamente por temas», en el sentido de que se verá que los temas estudiados encajan siempre, e incluyen todos los principales temas doctrinales de la Biblia. Así que «sistemática» se debe tener como lo opuesto de «arreglada al azar» o «desorganizada». En la teología sistemática los temas se tratan de una manera ordenada o «sistemática».

Una segunda diferencia entre este libro y la manera en que la mayoría de los cristianos hacen teología sistemática es que trata los temas *con mucho mayor detalle* que lo que lo hacen la mayoría de los creyentes. Por ejemplo, el creyente promedio como resultado de la lectura regular de la Biblia puede hacer la siguiente afirmación teológica: «La Biblia dice que todo el que cree en Jesucristo será salvo». Ese es un sumario perfectamente cierto de una doctrina bíblica principal. Sin embargo, se pudiera dedicar varias páginas para elaborar más precisamente lo que quiere decir «creer en Jesucristo», y se pudiera dedicar varios capítulos a explicar lo que quiere decir «ser salvo» en todas las muchas implicaciones de esa expresión.

Tercero, un estudio formal de la teología sistemática hará posible formular sumarios de las enseñanzas bíblicas con *mucha mayor exactitud* que la que podrían alcanzar normalmente los creyentes sin tal estudio. En la teología sistemática, los sumarios de enseñanzas bíblicas se deben redactar precisamente para evitar malos entendidos y excluir enseñanzas falsas.

---

[5]Robert L. Reymond, «The Justification of Theology with a Special Application to Contemporary Christology», en Nigel M. Cameron, ed., *The Challenge of Evangelical Theology: Essays in Approach and Method* (Rutherford House, Edimburgo, 1987), pp. 82-104 cita varios ejemplos del Nuevo Testamento de esta clase de búsqueda por toda la Biblia para demostrar conclusiones doctrinales: Jesús en Lc 24:25-27 (y en otros lugares); Apolos en Hch 18:28; el concilio de Jerusalén en Hch 15; y Pablo en Hch 17:2-3; 20:27; y todo Ro. A esta lista se pudiera añadir Heb 1 (sobre la condición de Hijo divino que tiene Cristo, Heb 11 (sobre la naturaleza de la verdadera fe), y muchos otros pasajes de las Epístolas.

Cuarto, un buen análisis teológico debe hallar y tratar equitativamente *todos los pasajes bíblicos pertinentes* a cada tema en particular, y no solo algunos o unos pocos de los pasajes pertinentes. Esto a menudo quiere decir que debemos depender de los resultados de una cuidadosa exégesis (o interpretación) de la Biblia con la que concuerden en general los intérpretes evangélicos o, en donde haya diferencias significativas de interpretación, la teología sistemática incluirá exégesis detalladas en ciertos puntos.

Debido al crecido número de temas que se abordan en un estudio de teología sistemática, y debido al gran detalle con que se analizan esos temas, es inevitable que alguien que estudie un texto de teología sistemática o esté tomando un curso de teología sistemática por primera vez vea muchas de sus creencias cuestionadas o modificadas, refinadas o enriquecidas. Es de extrema importancia, por consiguiente, que toda persona que empieza tal curso resuelva firmemente en su mente abandonar como falsa cualquier idea que se halle que la enseñanza de la Biblia claramente contradice. Pero también es muy importante que toda persona resuelva no creer ninguna doctrina individual solo porque este libro de texto o algún otro libro de texto o maestro dice que es verdad, a menos que este libro o el instructor de un curso pueda convencer al estudiante partiendo del texto de la Biblia misma. Es solo la Biblia, y no «la tradición evangélica conservadora» ni ninguna otra autoridad humana, la que debe funcionar como autoridad normativa para la definición de lo que debemos creer.

4. ¿Cuáles son doctrinas? En este libro la palabra *doctrina* se entenderá de la siguiente manera: *Una doctrina es lo que la Biblia entera nos enseña hoy en cuanto a un tema en particular.* Esta definición se relaciona directamente con nuestra definición anterior de teología sistemática, puesto que muestra que una «doctrina» es simplemente el resultado del proceso de hacer teología sistemática con respecto a un tema en particular. Entendidas de esta manera, las doctrinas pueden ser muy amplias o muy reducidas. Podemos hablar de «la doctrina de Dios» como una categoría doctrinal principal, incluyendo un sumario de todo lo que la Biblia nos enseña hoy en cuanto a Dios. Tal doctrina sería excepcionalmente grande. Por otro lado, podemos hablar más limitadamente de la doctrina de la eternidad de Dios, o de la doctrina de la Trinidad, o de la doctrina de la justicia de Dios[6].

Dentro de cada una de estas categorías doctrinales principales se han seleccionado muchas más enseñanzas específicas como apropiadas para incluirlas. Generalmente estas tienen por lo menos uno de los siguientes tres criterios: (1) son doctrinas que se enfatizan bastante en la Biblia; (2) son doctrinas que han sido las más significativas en toda la historia de la iglesia y han sido importantes para todos los cristianos de todos los tiempos; (3) son doctrinas que han llegado a ser importantes para los creyentes en la situación presente de la historia del cristianismo (aunque algunas de estas doctrinas tal vez no hayan sido de tan gran interés anteriormente en la historia de la iglesia). Algunos ejemplos de doctrinas en la tercera categoría son la doctrina de la inerrancia de la Biblia, la doctrina del bautismo en el Espíritu Santo, la doctrina de Satanás y los demonios con referencia

---

[6]La palabra *dogma* es un sinónimo aproximado para *doctrina*, pero no la he usado en este libro. *Dogma* es un término que usan más a menudo los teólogos católico-romanos y luteranos, y el término frecuentemente se refiere a doctrinas que tienen el endoso oficial de la iglesia. *Teología dogmática* es lo mismo que *teología sistemática*.

particular a la guerra espiritual, la doctrina de los dones espirituales en la edad del Nuevo Testamento, y la doctrina de la creación del hombre como hombre y mujer en relación a la comprensión de las funciones apropiadas de hombres y mujeres hoy.

Finalmente, ¿cuál es la diferencia entre teología sistemática y *ética cristiana?* Aunque hay inevitablemente algún traslapo entre el estudio de la teología y el estudio de la ética, he tratado de mantener una distinción en énfasis. El énfasis de la teología sistemática recae en lo que Dios quiere que *creamos y sepamos,* en tanto que el énfasis de la ética cristiana es lo que Dios quiere que *hagamos* y cuáles *actitudes* quiere que tengamos. Tal distinción se refleja en la siguiente definición: *La ética cristiana es cualquier estudio que responde a la pregunta: «¿Qué nos exige Dios que hagamos y qué actitudes exige él que tengamos hoy?» con respecto a alguna situación dada.* La teología, pues, se enfoca en ideas en tanto que la ética se enfoca en las circunstancias de la vida. La teología nos dice cómo debemos pensar en tanto que la ética nos dice cómo debemos vivir. Un texto de ética, por ejemplo, considerará temas tales como el matrimonio y el divorcio, mentir y decir la verdad, robar y tener algo en propiedad, el aborto, control de nacimiento, homosexualidad, la función del gobierno civil, disciplina de los hijos, pena capital, guerra, cuidado de los pobres, discriminación racial, y temas por el estilo. Por supuesto que habrá alguna superposición: la teología debe aplicarse a la vida (por consiguiente a menudo es ética hasta cierto punto); y la ética se debe basar en ideas apropiadas de Dios y su mundo (por consiguiente es teológica hasta cierto punto).

Este libro hace énfasis en la teología sistemática, aunque no vacilará en aplicar la teología a la vida en donde tal aplicación vaya bien. Con todo, para un tratamiento exhaustivo de la ética cristiana, sería necesario otro texto similar a este en alcance.

B. Presuposiciones iniciales de este libro

Empezamos con dos presuposiciones o cosas que damos por sentado: (1) que la Biblia es verdad y que es, en efecto, nuestra sola norma absoluta de verdad; (2) que el Dios de que habla la Biblia existe, y que es quien la Biblia dice que es: el Creador del cielo y la tierra y todo lo que hay en ellos. Estas dos presuposiciones, por supuesto, siempre están abiertas para ajuste, modificación o confirmación más honda posteriormente, pero en este punto estas dos presuposiciones forman el punto desde el cual empezamos.

C. ¿Por qué deben los cristianos estudiar teología?

¿Por qué deben los cristianos estudiar teología sistemática? Es decir, ¿por qué debemos empeñarnos en el proceso de recoger y hacer un sumario de las enseñanzas de muchos pasajes individuales de la Biblia sobre temas en particular? ¿Por qué no es suficiente seguir leyendo la Biblia en forma regular todos los días de nuestras vidas?

1. La razón básica. Se han dado muchas respuestas a esta pregunta, pero demasiado a menudo se deja la impresión de que la teología sistemática de alguna manera puede «mejorar» lo que dice la Biblia al hacer un mejor trabajo en organizar sus enseñanzas y

explicarlas más claramente de lo que la misma Biblia las explica. Así podemos empezar negando implícitamente la claridad de la Biblia.

Sin embargo, Jesús ordenó a sus discípulos y nos ordena ahora *enseñar* a los creyentes a que observen todo lo que él ordenó:

> Por tanto, vayan y hagan discípulos de todas las naciones, bautizándolos en el nombre del Padre y del Hijo y del Espíritu Santo, *enseñándoles* a obedecer todo lo que les he mandado a ustedes. Y les aseguro que estaré con ustedes siempre, hasta el fin del mundo (Mt 28:19-20).

Enseñar todo lo que Jesús ordenó, en un sentido limitado, es enseñar el contenido de la enseñanza oral de Jesús según se registra en las narrativas de los Evangelios. Sin embargo, en un sentido más amplio, «todo lo que Jesús ordenó» incluye la interpretación y aplicación de su vida y enseñanzas, porque el libro de Hechos contiene una narración de lo que Jesús *continuó* haciendo y enseñando por medio de los apóstoles después de su resurrección (nótese que 1:1 habla de «todo lo que Jesús *comenzó* a hacer y enseñar»). «Todo lo que Jesús ordenó» también puede incluir las Epístolas, puesto que fueron escritas bajo la supervisión del Espíritu Santo y también se consideraron como un «mandamiento del Señor» (1 Co 14:37; véase también Jn 14:26; 16:13; 1 Ts 4:15; 2 P 3:2; y Ap 1:1-3). Así que en un sentido más amplio, «todo lo que Jesús ordenó» incluye todo el Nuevo Testamento.

Todavía más, cuando consideramos que los escritos del Nuevo Testamento endosaron la confianza absoluta que Jesús tenía en la autoridad y confiabilidad de las Escrituras del Antiguo Testamento como palabras de Dios, y cuando nos damos cuenta de que las Epístolas del Nuevo Testamento también endosaron esta perspectiva del Antiguo Testamento como palabras absolutamente autoritativas de Dios, se hace evidente que no podemos enseñar «todo lo que Jesús ordenó» sin incluir por igual todo el Antiguo Testamento (entendido apropiadamente en las varias maneras en que se aplica a la edad del nuevo pacto en la historia de la redención).

La tarea de cumplir la gran comisión incluye, por lo tanto, no solo evangelización sino también *enseñanza,* y la tarea de enseñar todo lo que Jesús nos ordenó es, en un sentido amplio, la tarea de enseñar lo que la Biblia entera nos dice hoy. Para enseñarnos a nosotros mismos efectivamente, y enseñar a otros lo que la Biblia entera dice, es necesario *recoger* y *resumir* todos los pasajes bíblicos sobre un tema en particular. Por ejemplo, si alguien me pregunta: «¿Qué enseña la Biblia en cuanto al retorno de Cristo?», yo podría decir: «Siga leyendo la Biblia y lo hallará». Pero si el que pregunta empieza a leer en Génesis 1:1, pasará largo tiempo antes de que halle la respuesta a su pregunta. Para entonces habrá muchas otras preguntas que necesitan respuesta, y su lista de preguntas sin respuestas empezará a verse muy larga en verdad. ¿Qué enseña la Biblia en cuanto a la obra del Espíritu Santo? ¿Qué enseña la Biblia en cuanto a la oración? ¿Qué enseña la Biblia en cuanto al pecado? No hay tiempo en toda nuestra vida para leer la Biblia entera buscando una respuesta por nosotros mismos cada vez que surge un asunto doctrinal. Por consiguiente, para que aprendamos lo que la Biblia dice es muy útil tener el beneficio del trabajo de otros que han investigado todas las Escrituras y han hallado respuestas a estos varios temas.

Podemos enseñar más efectivamente a otros si podemos dirigirlos a los pasajes más pertinentes y sugerir un sumario apropiado de las enseñanzas de esos pasajes. Entonces el que nos pregunta puede inspeccionar esos pasajes rápidamente por sí mismo y aprender mucho más rápido cuál es la enseñanza bíblica sobre ese tema en particular. Así que la necesidad de la teología sistemática para enseñar lo que la Biblia dice surge primordialmente porque somos finitos en nuestra memoria y en la cantidad de tiempo que tenemos disponible.

La razón básica de estudiar la teología sistemática, entonces, es que nos enseña a nosotros mismos y permite que enseñemos a otros lo que toda la Biblia dice, cumpliendo así la segunda parte de la gran comisión.

2. Los beneficios para nuestra vida. Aunque la razón básica para estudiar la teología sistemática es que es un medio de obediencia al mandamiento de nuestro Señor, hay también algunos beneficios adicionales que surgen de tal estudio.

Primero, estudiar la teología nos ayuda a *superar nuestras ideas erradas*. Si no hubiera pecado en nosotros, podríamos leer la Biblia de tapa a tapa y, aunque no aprenderíamos de inmediato todo lo que dice la Biblia, con mucha probabilidad aprenderíamos solo cosas verdaderas en cuanto a Dios y su creación. Cada vez que la leyéramos aprenderíamos más cosas ciertas y no nos rebelaríamos ni rehusaríamos aceptar algo que hallamos escrito allí. Pero con el pecado en nuestros corazones retenemos algo de rebelión contra Dios. En varios puntos hay —para todos nosotros— enseñanzas bíblicas que por una razón u otra no queremos aceptar. El estudio de teología sistemática nos ayuda a superar esas rebeldes ideas.

Por ejemplo, supóngase que hay alguien que no quiere creer que Jesús regresará a la tierra. Podríamos mostrarle a esta persona un versículo o tal vez dos que hablan del retorno de Jesús a la tierra, pero la persona tal vez todavía halle una manera de evadir la fuerza de esos versículos o leer en ellos un significado diferente. Pero si recogemos veinticinco o treinta versículos que dicen que Jesús vuelve a la tierra personalmente, y los anotamos en un papel, nuestro amigo que vaciló en creer en el retorno de Cristo con mayor probabilidad se persuadirá ante la amplitud y diversidad de la evidencia bíblica para esta doctrina. Por supuesto, todos tenemos cuestiones como esa, temas en que nuestro entendimiento de la enseñanza de la Biblia es inadecuado. En estos temas es útil que se nos confronte con *el peso total de la enseñanza de la Biblia* sobre ese tema, para que seamos más fácilmente persuadidos incluso contra nuestras inclinaciones erradas iniciales.

Segundo, estudiar teología sistemática nos ayuda a *tomar mejores decisiones más adelante* sobre nuevas cuestiones de doctrina que puedan surgir. No podemos saber cuáles nuevas controversias doctrinales surgirán en las iglesias en las cuales viviremos y ministraremos de aquí a diez, veinte o treinta años, si el Señor no regresa antes. Estas nuevas controversias doctrinales a veces incluirán asuntos que nadie ha enfrentado con mucha atención antes. Los cristianos preguntarán: «¿Qué dice la Biblia entera en cuanto a este tema?». (La naturaleza precisa de la inerrancia bíblica y el entendimiento apropiado de la enseñanza bíblica sobre los dones del Espíritu Santo son dos ejemplos de asuntos que han surgido en nuestro siglo con mucha mayor fuerza que nunca antes en la historia de la iglesia).

Cualesquiera que sean las nuevas controversias doctrinales en años futuros, los que han aprendido bien la teología sistemática serán mucho más capaces de responder a las otras preguntas que surjan. Esto se debe a que todo lo que la Biblia dice de alguna manera se relaciona a todo lo demás que la Biblia dice (porque todo encaja de una manera congruente, por lo menos dentro de la propia comprensión de Dios de la realidad, y en la naturaleza de Dios y la creación tal como son). Así que las nuevas preguntas tendrán que ver con mucho de lo que ya se ha aprendido de la Biblia. Mientras mejor se haya aprendido ese material anterior, más capaces seremos de lidiar con esas nuevas preguntas.

Este beneficio se extiende incluso más ampliamente. Enfrentamos problemas al aplicar la Biblia a la vida en muchos más contextos que debates doctrinales formales. ¿Qué enseña la Biblia en cuanto a las relaciones entre esposo y esposa? ¿Qué, en cuanto a la crianza de los hijos? ¿En cuanto a testificarle a algún compañero de trabajo? ¿Qué principios nos da la Biblia para estudiar psicología, economía o ciencias naturales? ¿Cómo nos guía en cuanto a gastar dinero, ahorrarlo o dar el diezmo? En todo asunto que busquemos influirán ciertos principios teológicos, y los que han aprendido bien las enseñanzas teológicas de la Biblia serán mucho más capaces de tomar decisiones que agradan a Dios.

Una analogía útil en este punto es la de un rompecabezas. Si el rompecabezas representa «lo que la Biblia entera nos enseña hoy acerca de todo», un curso de teología sistemática será como armar el borde y algunos sectores principales incluidos en el rompecabezas. Pero nunca podremos saber todo lo que la Biblia enseña acerca de todas las cosas, así que nuestro rompecabezas tendrá muchas brechas, muchas piezas que todavía faltan por colocar. Resolver un problema nuevo en la vida real es como completar otra sección del rompecabezas: mientras más piezas tiene uno en su lugar correcto al empezar, más fácil es colocar nuevas piezas en su sitio, y menos posibilidades tiene uno de cometer equivocaciones. En este libro el objetivo es permitir que los creyentes pongan en su «rompecabezas teológico» tantas piezas con tanta precisión como sea posible, y animar a los creyentes a seguir poniendo más y más piezas correctas por el resto de su vida. Las doctrinas cristianas que se estudian aquí actuarán como pautas para ayudarle a llenar las áreas, áreas que pertenecen a todos los aspectos de verdad en todos los aspectos de la vida.

Tercero, estudiar teología sistemática *nos ayudará a crecer como creyentes*. Mientras más sabemos de Dios, de su Palabra, de sus relaciones con el mundo y la humanidad, más confiaremos en él, más plenamente le alabaremos, y con mayor presteza le obedeceremos. Estudiar apropiadamente la teología sistemática nos hace creyentes más maduros. Si no hace esto, no estamos estudiándola de la manera que Dios quiere.

Por cierto, la Biblia a menudo conecta la sana doctrina con la madurez en la vida cristiana: Pablo habla de «*la doctrina que se ciñe a la verdadera religión*» (1 Ti 6:3) y dice que su obra como apóstol es «para que, mediante la fe, los elegidos de Dios lleguen a conocer *la verdadera religión*» (Tit 1:1). En contraste, indica que toda clase de desobediencia e inmoralidad «está en contra de la sana doctrina» (1 Ti 1:10).

En conexión con esta idea es apropiado preguntar qué diferencia hay entre una «doctrina principal» y una «doctrina menor». Los cristianos a menudo dicen que quieren buscar acuerdo en la iglesia en cuanto a doctrinas principales pero dar campo para diferencias en doctrinas menores. He hallado útil la siguiente pauta:

Una doctrina principal es la que tiene un impacto significativo en lo que pensamos de otras doctrinas, o que tiene un impacto significativo en cómo vivimos la vida cristiana. Una doctrina menor es la que tiene muy poco impacto en cómo pensamos en cuanto a otras doctrinas, y muy poco impacto en cómo vivimos la vida cristiana.

Según esta norma, doctrinas como la autoridad de la Biblia, la Trinidad, la deidad de Cristo, la justificación por la fe y muchas otras se considerarían apropiadamente doctrinas principales. Los que no están de acuerdo con la comprensión evangélica histórica de algunas de estas doctrinas tendrán amplios puntos de diferencias con los creyentes evangélicos que afirman estas doctrinas. Por otro lado, me parece que las diferencias en cuanto a las formas de gobierno de la iglesia o algunos detalles en cuanto a la cena del Señor o las fechas de la gran tribulación tienen que ver con doctrinas menores. Los creyentes que difieren sobre estas cosas pueden estar de acuerdo en tal vez casi todos los otros puntos de la doctrina, pueden vivir vidas cristianas que no difieren de manera importante, y pueden tener genuina comunión unos con otros.

Por supuesto, tal vez hallemos doctrinas que caen en algún punto entre «principales» y «menores» de acuerdo a esta norma. Por ejemplo, los cristianos pueden diferir sobre el grado de significación que se debe asignar a la doctrina del bautismo o el milenio o el alcance de la expiación. Eso es natural, porque muchas doctrinas tienen *alguna* influencia sobre otras doctrinas o sobre la vida, pero podemos diferir en cuanto a si pensamos que sea una influencia «significativa». Podemos incluso reconocer que habrá una gama de significación aquí, y simplemente decir que mientras más influencia tiene una doctrina sobre otras doctrinas y la vida, más «principal» llega a ser. Esta cantidad de influencia incluso puede variar de acuerdo a las circunstancias históricas y necesidades de la iglesia en un momento dado. En tales casos, los cristianos deben pedirle a Dios que les dé sabiduría madura y juicio sano al tratar de determinar hasta qué punto una doctrina se debe considerar «principal» en sus circunstancias particulares.

D. Una nota sobre dos objeciones al estudio de la teología sistemática

1. «Las conclusiones son "demasiado pulidas" para ser verdad». Algunos estudiosos miran con sospecha la teología sistemática cuando —o incluso porque— sus enseñanzas encajan unas con otras en una manera no contradictoria. Objetan que el resultado sea «demasiado pulidas» y que los teólogos sistemáticos deben por consiguiente estar embutiendo las enseñanzas de la Biblia en un molde artificial y distorsionando el significado verdadero de las Escrituras a fin de lograr un conjunto ordenado de creencias.

A esta objeción se pueden dar dos respuestas: (1) Debemos primero preguntar a los que hacen tal objeción qué puntos específicos de la Biblia han sido interpretados mal, y entonces debemos lidiar con la comprensión de esos pasajes. Tal vez se hayan cometido equivocaciones, y en ese caso debe haber correcciones.

Sin embargo, también es posible que el objetor no tenga pasajes específicos en mente, o ninguna interpretación claramente errónea que señalar en las obras de los teólogos evangélicos más responsables. Desde luego, se puede hallar exégesis incompetente en los escritos de eruditos menos competentes en *cualquier* campo de estudios bíblicos, no solo en la teología sistemática, pero esos «malos ejemplos» constituyen una objeción no contra la erudición como un todo sino contra el erudito incompetente mismo.

Es muy importante que el objetor sea específico en este punto porque esta objeción a veces la hacen quienes, tal vez inconscientemente, han adoptado de nuestra cultura un concepto escéptico de la posibilidad de hallar conclusiones universalmente verdaderas en cuanto a algo, incluso en cuanto a Dios y su Palabra. Esta clase de escepticismo respecto a la verdad teológica es especialmente común en el mundo universitario moderno en donde «teología sistemática», si es que se estudia, se estudia solo desde la perspectiva de la teología filosófica y la teología histórica (incluyendo tal vez un estudio histórico de las varias ideas que creyeron los primeros cristianos que escribieron el Nuevo Testamento, y otros cristianos de ese tiempo y a través de la historia de la iglesia). En este tipo de clima intelectual el estudio de «teología sistemática» según se define en este capítulo se consideraría imposible, porque se da por sentado que la Biblia es meramente la obra de muchos autores humanos que escribieron en diversas culturas y experiencias en el curso de más de mil años. Se pensaría que tratar de hallar «lo que toda la Biblia enseña» en cuanto a algún asunto sería tan inútil como tratar de hallar «lo que todos los filósofos enseñan» respecto a algún asunto, porque se pensaría que la respuesta en ambos casos no es una noción sino muchas nociones diversas y a menudo en conflicto. Este punto de vista escéptico lo deben rechazar los evangélicos que ven las Escrituras como producto de autoría humana *y* divina, y por consiguiente como una colección de escritos que enseñan verdades no contradictorias en cuanto a Dios y en cuanto al universo que él creó.

(2) Segundo, se debe contestar que en la mente de Dios, y en la naturaleza de la realidad en sí misma, los hechos e ideas *verdaderos* son todos congruentes entre sí. Por consiguiente, si hemos entendido acertadamente las enseñanzas de Dios en la Biblia debemos esperar que nuestras conclusiones «encajen unas con otras» y sean congruentes entre sí. La congruencia interna, entonces, es un argumento a favor, y no en contra, de cualquier resultado individual de la teología sistemática.

2. «La selección de temas dicta las conclusiones». Otra objeción general a la teología sistemática tiene que ver con la selección y arreglo de los temas, e incluso el hecho de que se haga tal estudio de la Biblia arreglado por temas, usando categorías a veces diferentes de las que se hallan en la misma Biblia. ¿Por qué se tratan *estos* temas teológicos en lugar de simplemente los demás que recalcan los autores bíblicos, y por qué los temas *se arreglan de esta manera* y no de otra? Tal vez, diría esta objeción, nuestras tradiciones y nuestras culturas han determinado los temas que tratamos y el arreglo de los temas, para que los resultados en este estudio teológico sistemático de la Biblia, aunque aceptable en nuestra propia tradición teológica, en realidad no sea fiel a la Biblia misma.

Una variante de esta objeción es la afirmación de que nuestro punto de partida a menudo determina nuestras conclusiones respecto a temas controversiales: si decidimos empezar con un énfasis en la autoría divina de la Biblia, por ejemplo, acabaremos creyendo en la inerrancia bíblica, pero si empezamos con un énfasis en la autoría humana de la Biblia, acabaremos creyendo que hay algunos errores en la Biblia. En forma similar, si empezamos con un énfasis en la soberanía de Dios, acabaremos siendo calvinistas, pero si empezamos con un énfasis en la capacidad del hombre para tomar decisiones libres, acabaremos siendo arminianos, y así por el estilo. Esta objeción hace que parezca que las preguntas teológicas más importantes probablemente se pudieran decidir echando una moneda al aire para decidir en dónde empezar, puesto que se puede llegar a conclusiones *diferentes* e *igualmente válidas* desde diferentes puntos de partida.

Los que hacen tal objeción a menudo sugieren que la mejor manera de evitar este problema es no estudiar ni enseñar teología sistemática, sino limitar nuestros estudios temáticos al campo de la teología bíblica, tratando solo los temas y asuntos que los autores bíblicos mismos recalcan y describir el desarrollo histórico de estos temas bíblicos a través de la Biblia.

En respuesta a esta objeción, una gran parte de la consideración en este capítulo en cuanto a la necesidad de enseñar la Biblia será pertinente. Nuestra selección de temas no tiene que estar restringida a los principales intereses de los autores bíblicos, porque nuestra meta es hallar lo que Dios requiere de nosotros en todos los aspectos de interés para nosotros hoy.

Por ejemplo, a ningún autor del Nuevo Testamento le interesó *sobremanera* explicar temas tales como el «bautismo en el Espíritu Santo», o las funciones de las mujeres en la iglesia, o la doctrina de la Trinidad, pero estos son asuntos válidos de interés para nosotros hoy, y debemos buscar todos los lugares en la Biblia que tienen relación con esos temas (sea que esos términos específicos se mencionen o no, y sea que esos temas sean el foco primordial de cada pasaje que examinamos o no) para ser capaces de entender y explicar a otros «lo que toda la Biblia enseña» en cuanto a ellos.

La única alternativa —porque *en efecto* pensaremos *algo* sobre esos temas— es formar nuestras opiniones sin orden ni concierto partiendo de una impresión general de lo que pensamos que es la posición «bíblica» sobre cada tema, o tal vez apuntalar nuestras posiciones con análisis cuidadoso de uno o dos pasajes pertinentes, sin ninguna garantía de que esos pasajes presenten una noción balanceada de «todo el propósito de Dios» (Hch 20:27) sobre el tema que se considera. En verdad este enfoque, demasiado común en círculos evangélicos hoy, podría, me parece, llamarse «teología asistemática» o incluso ¡«teología al azar y desordenada»! Tal alternativa es demasiado subjetiva y demasiado sujeta a presiones culturales. Tiende a la fragmentación doctrinal e incertidumbre doctrinal ampliamente extendida, y deja a la iglesia teológicamente inmadura, como «niños, zarandeados por las olas y llevados de aquí para allá por todo viento de enseñanza» (Ef 4:14).

Respecto a la objeción en cuanto a la selección y secuencia de los temas, nada hay que nos impida acudir a la Biblia para buscar respuestas a *cualquier* pregunta doctrinal, considerada en *cualquier secuencia*. La secuencia de temas en este libro es muy común y se ha adoptado porque es ordenada y se presta bien para el aprendizaje y la enseñanza. Pero los capítulos se pueden leer en cualquier secuencia que uno quiera, y las conclusiones no van a ser diferentes, ni tampoco lo persuasivo de los argumentos —si están derivados apropiadamente de la Biblia— se reducirá significativamente. He tratado de escribir los capítulos de modo que se puedan leer como unidades independientes.

E. ¿Cómo deben los cristianos estudiar teología sistemática?

¿Cómo, entonces, debemos estudiar la teología sistemática? La Biblia provee algunas pautas que responden a esta pregunta.

1. Debemos estudiar la teología sistemática en oración. Si estudiar teología sistemática es solo una manera de estudiar la Biblia, los pasajes de la Biblia que hablan de la manera en que debemos estudiar la Palabra de Dios nos orientan en esta tarea. Tal como el salmista ora en Salmo 119:18: «Ábreme los ojos, para que contemple las maravillas de tu ley», debemos orar y buscar la ayuda de Dios para entender su Palabra. Pablo nos dice en 1 Corintios 2:14 que «El que no tiene el Espíritu no acepta lo que procede del Espíritu de Dios, pues para él es locura. No puede entenderlo, porque hay que discernirlo espiritualmente». Estudiar teología es por consiguiente una actividad espiritual en la que necesitamos la ayuda del Espíritu Santo.

Por inteligente que sea, si el estudiante no persiste en orar para que Dios le dé una mente que comprenda, y un corazón creyente y humilde, y el estudiante no mantiene un andar personal con el Señor, las enseñanzas de la Biblia serán mal entendidas y no se creerá en ellas, resultará error doctrinal, y la mente y el corazón del estudiante no cambiarán para bien sino para mal. Los estudiantes de teología sistemática deben resolver desde el principio mantenerse libres de toda desobediencia a Dios o de cualquier pecado conocido que interrumpiría su relación con él. Deben resolver mantener con gran regularidad su vida devocional. Deben orar continuamente pidiendo sabiduría y comprensión de las Escrituras.

Puesto que es el Espíritu Santo el que nos da la capacidad de entender apropiadamente la Biblia, necesitamos darnos cuenta de que lo que hay que hacer, particularmente cuando no podemos entender algún pasaje o alguna doctrina de la Biblia, es pedir la ayuda de Dios. A menudo lo que necesitamos no es más información sino más perspectiva en cuanto a la información que ya tenemos disponible. Esa perspectiva la da solamente el Espíritu Santo (cf. 1Co 2:14; Ef 1:17-19).

2. Debemos estudiar teología sistemática con humildad. Pedro nos dice: «Dios se opone a los orgullosos, pero da gracia a los humildes» (1 P 5:5). Los que estudian teología sistemática aprenderán muchas cosas en cuanto a las enseñanzas de la Biblia que tal vez no saben, o no conocen bien otros creyentes en sus iglesias o parientes que tienen más años en el Señor que ellos. También pueden comprender cosas en cuanto a la Biblia que algunos de los oficiales de su iglesia no entienden, e incluso que su pastor tal vez haya olvidado o nunca aprendió bien.

En todas estas situaciones sería muy fácil adoptar una actitud de orgullo o superioridad hacia otros que no han hecho tal estudio. Pero qué horrible sería si alguien usara este conocimiento de la Palabra de Dios solo para ganar discusiones o para denigrar a otro creyente en la conversación, o para hacer que otro creyente se sienta insignificante en la obra del Señor. El consejo de Santiago es bueno para nosotros en este punto: «Todos deben estar listos para escuchar, y ser lentos para hablar y para enojarse; pues la ira humana no produce la vida justa que Dios quiere» (Stg 1:19-20). Nos dice que lo que uno comprende de la Biblia debe ser impartido en humildad y amor:

> ¿Quién es sabio y entendido entre ustedes? Que lo demuestre con su buena conducta, mediante obras hechas con la humildad que le da su sabiduría. [...]En cambio, la sabiduría que desciende del cielo es ante todo pura, y además pacífica, bondadosa, dócil, llena de compasión y de buenos frutos, imparcial y sincera. En fin, el fruto de la justicia se siembra en paz para los que hacen la paz (Stg 3:13, 17-18). La teología sistemática estudiada como es debido no conducirá a un conocimiento que «envanece» (1 Co 8:1), sino a humildad y amor por otros.

3. Debemos estudiar teología sistemática con razonamiento. Hallamos en el Nuevo Testamento que Jesús y los autores del Nuevo Testamento a menudo citan un versículo de la Biblia y luego derivan de él conclusiones lógicas. *Razonan* partiendo del pasaje bíblico. Por consiguiente, no es errado usar el entendimiento humano, la lógica humana y la razón humana para derivar conclusiones de las afirmaciones de la Biblia. No obstante, cuando razonamos y derivamos de la Biblia lo que pensamos que sean deducciones lógicas correctas, a veces cometemos errores. Las deducciones que derivamos de las afirmaciones de la Biblia no son iguales a las afirmaciones de la Biblia en sí mismas en certeza o autoridad, porque nuestra capacidad para razonar y derivar conclusiones no es la suprema norma de verdad; pues solo la Biblia lo es.

¿Cuáles son, entonces, los límites en nuestro uso de nuestras capacidades de razonamiento para derivar deducciones de las afirmaciones de la Biblia? El hecho de que razonar y llegar a conclusiones que van más allá de las meras afirmaciones de la Biblia es apropiado e incluso necesario para estudiar la Biblia, y el hecho de que la Biblia en sí misma es la suprema norma de verdad, se combinan para indicarnos que *somos libres para usar nuestras capacidades de razonamiento para derivar deducciones de cualquier pasaje de la Biblia en tanto y en cuanto esas deducciones no contradigan la clara enseñanza de algún otro pasaje de la Biblia*[7]. Este principio pone una salvaguarda en nuestro uso de lo que pensamos quesean deducciones lógicas de la Biblia. Nuestras deducciones supuestamente lógicas pueden estar erradas, pero la Biblia en sí misma no puede estar errada. Por ejemplo, podemos leer la Biblia y hallar que a Dios Padre se le llama Dios (1 Co 1:3), que a Dios Hijo se le llama Dios (Jn 20:28; Tit 2:13) y que a Dios Espíritu Santo se le llama Dios (Hch 5:3-4). De esto podemos deducir que hay tres Dioses. Pero después hallamos que la Biblia explícitamente nos enseña que Dios es uno (Dt 6:4; Stg 2:19). Así que concluimos que lo que nosotros *pensamos* que era una deducción lógica válida en cuanto a tres Dioses estaba errada y que la Biblia enseña (a) que hay tres personas separadas (Padre, Hijo y Espíritu Santo), cada una de las cuales es plenamente Dios, y (b) que hay solo un Dios.

No podemos entender exactamente cómo estas dos afirmaciones pueden ser verdad a la vez, así que constituyen una *paradoja* («afirmación que aunque parece contradictoria

---

[7]Esta pauta también la adopto del profesor John Frame, del Westminster Seminary.

puede ser verdad»)[8]. Podemos tolerar una paradoja (tal como «Dios es tres personas y solo un Dios») porque tenemos la confianza de que en última instancia Dios sabe plenamente la verdad en cuanto a sí mismo y en cuanto a la naturaleza de la realidad, y que para él los diferentes elementos de una paradoja quedan plenamente reconciliados, aunque en este punto los pensamientos de Dios son más altos que los nuestros (Is 55: 8-9). Pero una verdadera contradicción (como el que «Dios es tres personas y Dios no es tres personas») implicaría contradicción en la comprensión que Dios tiene de sí mismo y de la realidad, y esto no puede ser.

Cuando el salmista dice: «La suma de tus palabras es la verdad; tus rectos juicios permanecen para siempre» (Sal 119:160), implica que las palabras de Dios no solo son verdad individualmente sino también cuando se ven juntas como un todo. Vistas colectivamente, su «suma» es también «verdad». En última instancia, no hay contradicción interna ni en la Biblia ni en los pensamientos de Dios.

4. Debemos estudiar teología sistemática con la ayuda de otros. Debemos estar agradecidos de que Dios ha puesto maestros en la iglesia («En la iglesia Dios ha puesto, en primer lugar, apóstoles; en segundo lugar, profetas; en tercer lugar, *maestros*», 1 Co 12:28). Debemos permitir que los que tienen estos dones de enseñanza nos ayuden a entender las Escrituras. Esto significa que debemos usar teologías sistemáticas y otros libros que han escrito algunos de los maestros que Dios le ha dado a la iglesia en el curso de su historia. También significa que nuestro estudio de teología incluirá *hablar con otros cristianos* en cuanto a las cosas que estamos estudiando. Entre aquellos con quienes hablamos a menudo estarán algunos con dones de enseñanza que pueden explicar las enseñanzas bíblicas claramente y ayudarnos a entenderlas más fácilmente. De hecho, algunos de los aprendizajes más efectivos en los cursos de teología sistemática en universidades y seminarios a menudo ocurren fuera del salón de clases, en conversaciones informales entre estudiantes que intentan entender por sí mismos las doctrinas bíblicas.

---

[8]El *American Heritage Dictionary of the English Language*, ed. William Morris (Houghton-Mifflin, Boston, 1980), p. 950 (primera definición). Esencialmente el mismo significado lo adopta el *Oxford English Dictionary* (ed. 1913, 7:450), el *Concise Oxford Dictionary* (ed. 1981, p. 742), el *Random House Collage Dictionary* (ed. 1979, p. 964), y el *Chambers Twentieth Century Dictionary* (p. 780), aunque todos notan que *paradoja* también puede significar «contradicción» (aunque en forma menos común); compare la *Encyclopedia of Philosophy*, ed. Paul Edwards (Macmillan and the Free Press, New York, 1967), 5:45, y todo el artículo «Logical Paradoxes» («Paradojas lógicas») de John van Heijenoort en las pp. 45-51 del mismo volumen, que propone soluciones a muchas de las paradojas clásicas en la historia de la filosofía. (Si *paradoja* significa «contradicción», tales soluciones serían imposibles).

Cuando uso la palabra *paradoja* en el sentido primario que definen estos diccionarios hoy me doy cuenta de que difiero en alguna medida con el artículo «*Paradox*» («*Paradoja*») de K. S. Kantzer in *EDT*, ed. Walter Elwell, pp. 826-27 (que toma *paradoja* para significar esencialmente «contradicción»). Sin embargo, uso *paradoja* en el sentido ordinario del inglés y que es conocido en la filosofía. Me parece que no hay disponible ninguna otra palabra mejor que *paradoja* para referirse a lo que parece ser una contradicción y no lo es en realidad.

Hay, sin embargo, alguna falta de uniformidad en el uso del término *paradoja* y un término relacionado: *antinomia*, en el debate evangélico contemporáneo. La palabra *antinomia* se ha usado a veces para aplicarla a lo que

aquí llamo *paradoja*, es decir, «lo que parecen ser afirmaciones contradictorias que sin embargo ambas son verdades» (vea, por ejemplo, John Jefferson Davis, *Theology Primer* [Baker, Grand Rapids, 1981], p. 18). Tal sentido de *antinomia* ganó respaldo en un libro ampliamente leído *Evangelism and the Sovereignty of God*, por J. I Packer (Intervarsity Press, Londres, 1961). En las pp. 18-22 Packer define *antinomia* como «una apariencia de contradicción» (pero admite en la p. 18 que esta definición difiere del *Shorter Oxford Dictionary*). Mi problema en cuanto a usar *antinomia* en este sentido es que la palabra es tan poco conocida en el inglés ordinario que solo aumenta el caudal de términos técnicos que los cristianos tienen que aprender a fin de entender a los teólogos, y todavía más tal sentido no lo respalda ninguno de los diccionarios citados arriba, todos los cuales definen *antinomia* en el sentido «contradicción» (por ej., *Oxford English Dictionary*, 1:371). El problema no es serio, pero ayudaría a la comunicación si los evangélicos pudieran convenir en un sentido uniforme para estos términos.

Una paradoja por cierto es aceptable en la teología sistemática, y las paradojas son hechos inevitables siempre que tengamos una comprensión definitiva de algún tema teológico. Sin embargo, es importante reconocer que la teología cristiana nunca debe afirmar una «contradicción» (un conjunto de dos afirmaciones, una de las cuales niega a la otra). Una contradicción sería: «Dios es tres personas y Dios no es tres personas» (en donde el término *personas* tiene el mismo sentido en ambas mitades de la oración).

5. Debemos estudiar la teología sistemática recogiendo y comprendiendo todos los pasajes de la Biblia pertinentes a cualquier tema. Mencioné esto en nuestra definición de teología sistemática al principio de este capítulo, pero aquí hay que describir el proceso en sí. ¿Cómo realizar uno un sumario doctrinal de lo que todos los pasajes de la Biblia enseñan sobre cierto tema? En relación con los temas que se cubren en este libro, muchos pensarán que estudiar los capítulos de este libro y leer los versículos bíblicos anotados en los capítulos basta. Pero algunos querrán estudiar más la Biblia sobre algún tema particular o estudiar algún nuevo tema no cubierto aquí. ¿Cómo puede un estudiante usar la Biblia para investigar lo que enseñan sobre algún tema nuevo, tal vez uno que no se ha discutido explícitamente en ninguno de sus textos de teología sistemática?

El proceso sería así: (1) Buscar todos los versículos relevantes. La mejor ayuda en este paso es una buena concordancia que le permita a uno buscar palabras clave y hallar los versículos en que se trata el tema. Por ejemplo, al estudiar lo que significa que el hombre fue creado a imagen y semejanza de Dios, uno necesita buscar todos los versículos en los cuales aparece «imagen», «semejanza» y «crear». (Las palabras «hombre» y «Dios» aparecen con demasiada frecuencia para que sean útiles para una búsqueda en la concordancia). Al estudiar la doctrina de la oración se podrían buscar muchas palabras (*oración, orar, interceder, petición, súplica, confesar, confesión, alabanza, dar gracias, acción de gracias,* et al); y tal vez la lista de versículos sería demasiado larga para ser manejable, así que el estudiante tendría que revisar ligeramente la concordancia sin buscar los versículos, o la búsqueda se podría probablemente dividir en secciones, o limitarse de alguna otra manera. También se puede hallar versículos al pensar en la historia global de la Biblia y buscando las secciones donde pueda haber información sobre el tema a mano; por ejemplo, el que quiere estudiar sobre la oración tal vez querrá leer pasajes como la oración de Ana por un hijo (en 1 S 1), la oración de Salomón en la dedicación del templo (en 1 R 8), la oración de Jesús en el huerto de Getsemaní (en Mt 26 y paralelos), y así por el estilo. Luego, además del trabajo en la concordancia y de leer otros pasajes que uno pueda hallar sobre el tema, revisar las secciones relevantes en algunos libros de teología sistemática a menudo trae a la luz otros versículos que uno puede haber pasado por alto, a veces porque en estos versículos no se usa ninguna de las palabras que se usaron para la búsqueda en la concordancia[9].

(2) El segundo paso es leer, tomar notas y tratar de hacer un sumario de los puntos que hacen los versículos relevantes. A veces un tema se repetirá a menudo y el sumario de varios versículos será relativamente fácil de hacer. En otras ocasiones habrá versículos difíciles de entender, y el estudiante necesitará dedicar tiempo para estudiar un versículo profundamente (solo leyendo el versículo en su contexto vez tras vez, o usando herramientas especializadas como comentarios y diccionarios) hasta que se logre una comprensión satisfactoria. (3) Finalmente, las enseñanzas de los varios versículos se deben

---

[9]He leído una cantidad de ensayos de estudiantes que dicen que el Evangelio de Juan no dice nada en cuanto a cómo los creyentes deben orar, por ejemplo, porque al examinar una concordancia hallaron que la palabra *oración* no aparece en Juan, y la palabra *orar* solo aparece cuatro veces en referencia a Jesús orando en Juan 14, 16:17. Pasaron por alto el hecho de que Juan contiene varios versículos importantes en donde se usa la palabra *pedir* en lugar de la palabra *orar* (Jn 14:13-14; 15:07, 16; et. al).

resumir en uno o más puntos que la Biblia afirma en cuanto a ese tema. El sumario no tiene que tener la forma exacta de la conclusión de otros sobre el tema, porque bien podemos ver en la Biblia cosas que otros no han visto, o tal vez organizamos el tema en forma diferente, o enfatizamos cosas diferentes.

Por otro lado, en este punto es también útil leer secciones relacionadas, si se puede hallar alguna, en varios libros de teología sistemática. Esto provee una verificación útil contra errores o detalles que se hayan pasado por alto, y a menudo hace que uno se percate de perspectivas y argumentos alternos que pueden hacernos modificar o fortificar nuestra posición. Si el estudiante halla que otros han argumentado a favor de conclusiones fuertemente divergentes, entonces hay que indicar correctamente esas otras perspectivas y luego contestarlas. A veces otros libros de teología nos alertarán acerca de consideraciones históricas o filosóficas que han surgido antes en la historia de la iglesia, y estas proveerán nociones adicionales o advertencias contra el error.

El proceso bosquejado arriba es posible para cualquier cristiano que pueda leer su Biblia y buscar las palabras en una concordancia. Por supuesto, las personas serán cada vez más ágiles y más precisas en este proceso con el tiempo, y con la experiencia y la madurez cristiana, pero será una tremenda ayuda para la iglesia si los creyentes generalmente dedicaran mucho más tiempo a investigar los temas de la Biblia por sí mismos y derivar conclusiones según el proceso indicado arriba. El gozo de descubrir temas bíblicos será ricamente recompensador. Especialmente los pastores y los que dirigen estudios bíblicos hallarán frescor adicional en su comprensión de la Biblia y en su enseñanza.

6. Debemos estudiar teología sistemática con alegría y alabanza. El estudio de teología no es meramente un ejercicio teórico intelectual. Es un estudio del Dios viviente, y de las maravillas de sus obras en la creación y en la redención. ¡No podemos estudiar este tema desapasionadamente! Debemos amar todo lo que Dios es, todo lo que él dice, y todo lo que él hace. «Ama al Señor tu Dios con todo tu corazón» (Dt 6:5). Nuestra respuesta al estudio de la teología de la Biblia debe ser la del salmista que dijo: «¡Cuán preciosos, oh Dios, me son tus pensamientos!» (Sal 139:17). En el estudio de las enseñanzas de la Palabra de Dios no debe sorprendernos si a menudo hallamos nuestros corazones irrumpiendo espontáneamente en expresiones de alabanza y deleite como las del salmista:

> Los preceptos del Señor son rectos: traen alegría al corazón. (Sal 19:8)
> Me regocijo en el camino de tus estatutos más que en todas las riquezas. (Sal 119:14)
> ¡Cuán dulces son a mi paladar tus palabras! ¡Son más dulces que la miel a mi boca! (Sal 119:103)
> Tus estatutos son mi herencia permanente; son el regocijo de mi corazón (Sal 119:111).
> Yo me regocijo en tu promesa como quien halla un gran botín (Sal 119:162).

A menudo en el estudio de teología la respuesta del cristiano será similar a la de Pablo al reflexionar sobre el prolongado argumento teológico que acababa de completar al final de Romanos 11:32. Irrumpe en alabanza gozosa por las riquezas de la doctrina que Dios le ha permitido expresar: ¡Qué profundas son las riquezas de la sabiduría y del conocimiento de Dios! ¡Qué indescifrables sus juicios e impenetrables sus caminos!

«¿Quién ha conocido la mente del Señor,
o quién ha sido su consejero?».
«¿Quién le ha dado primero a Dios,
para que luego Dios le pague?».
Porque todas las cosas proceden de él, y existen por él y para él. A él sea la
gloria por siempre! Amén. (Ro 11:33-36)

PREGUNTAS PARA APLICACIÓN PERSONAL

Estas preguntas al final de cada capítulo enfocan la aplicación a la vida. Debido a que pienso que la doctrina se debe sentir a nivel emocional tanto como entenderse a nivel intelectual, en muchos capítulos he incluido algunas preguntas en cuanto a cómo el lector *se siente* respecto a un punto de doctrina. Pienso que estas preguntas demostrarán ser muy valiosas para los que dedican tiempo para reflexionar en ellas.

1. ¿De qué maneras (si acaso alguna) ha cambiado este capítulo su comprensión de lo que es teología sistemática? ¿Cuál era su actitud hacia el estudio de la teología sistemática antes de leer este capítulo? ¿Cuál es su actitud ahora?

2. ¿Qué es lo más probable que suceda en una iglesia o denominación que abandone el aprendizaje de teología sistemática por una generación o más? ¿Ha sido esto cierto en su iglesia?

3. ¿Hay alguna doctrina de las incluidas en la tabla de contenido cuya comprensión más amplia le ayudaría a resolver una dificultad personal en su vida al momento presente? ¿Cuáles son los peligros espirituales y emocionales que usted personalmente debe tener presente al estudiar teología sistemática?

4. Ore pidiéndole a Dios que haga de este estudio de doctrinas cristianas básicas un tiempo de crecimiento espiritual y más íntima comunión con él, y un tiempo en el que usted entienda y aplique correctamente las enseñanzas de la Biblia.

TÉRMINOS ESPECIALES

apologética

contradicción

doctrina

doctrina menor

doctrina principal

ética cristiana

paradoja

presuposición

teología bíblica

teología del Nuevo Testamento

teología del Antiguo Testamento

teología dogmática

teología histórica

teología filosófica teología sistemática

BIBLIOGRAFÍA

Baker, D. L. «Biblical Theology». En *NDT* p. 671.

Berkhof, Louis. *Introduction to Systematic Theology.* Eerdmans, Grand Rapids, 1982, pp. 15–75 (publicado primero en 1932).

Bray, Gerald L., ed. *Contours of Christian Theology.* Intervarsity Press, owners Grove, IL, 1993.

_____. «Systematic Theology, History of». En NDT pp. 671–72.

Cameron, Nigel M., ed. *The Challenge of Evangelical Theology: Essays in Approach and Method.* Rutherford House, Edinburgh, 1987.

Carson, D. A. «Unity and Diversity in the New Testament: The Possibility of Systematic Theology». En *Scripture and Truth.* Ed. por D. A. Carson y John Woodbridge. Zondervan, Grand Rapids, 1983, pp. 65–95.

PASAJE BÍBLICO PARA MEMORIZAR

Los estudiantes repetidamente han mencionado que una de las partes más valiosas de cualquiera de sus cursos en la universidad o seminario ha sido los pasajes bíblicos que se les exigió memorizar. «En mi corazón atesoro tus dichos para no pecar contra ti» (Sal 119:11). En cada capítulo, por consiguiente, he incluido un pasaje apropiado para memorizar de modo que los instructores puedan incorporar la memorización de la Biblia dentro de los requisitos del curso siempre que sea posible. (Los pasajes bíblicos para memorizar que se indican al final de cada capítulo se toman de la NVI.)

Mateo 28:18-20: *Jesús se acercó entonces a ellos y les dijo: Se me ha dado toda autoridad en el cielo y en la tierra. Por tanto, vayan y hagan discípulos de todas las naciones, bautizándolos en el nombre del Padre y del Hijo y del Espíritu Santo, enseñándoles a obedecer todo lo que les he mandado a ustedes. Y les aseguro que estaré con ustedes siempre, hasta el fin del mundo.*

HIMNO

La buena teología sistemática nos lleva a alabar. Es correcto por tanto que al final de cada capítulo se incluya un himno relacionado con el tema del capítulo. En un aula, el himno debe cantarse al principio y al final de la clase. Por otro lado, el lector individual puede cantarlo en privado o simplemente meditar en silencio en las palabras. A menos que se señale lo contrario, las palabras de estos himnos son ya de dominio público y no están sujetas a restricciones de derechos de autor. Desde luego, se pueden escribir para proyectarlas o fotocopiarlas.

¿Por qué he usado tantos himnos? Aunque me gustan muchos de los más recientes cánticos de adoración y alabanza que tanto se cantan hoy, cuando comencé a seleccionar himnos que correspondieran a las grandes doctrinas de la fe cristiana, me di cuenta que los grandes himnos de la iglesia de siempre tienen una riqueza y amplitud que todavía no tiene igual. No sé de muchos cánticos de adoración modernos que abarquen los temas de los capítulos de este libro de una manera amplia. Quizá lo que digo sirva de exhortación a los compositores modernos a estudiar estos capítulos y después escribir canciones que reflejen las enseñanzas de la Biblia en los respectivos temas.

Para este capítulo, sin embargo, no hallé himno antiguo ni moderno que diera gracias a Dios por el privilegio de estudiar teología sistemática a partir de las páginas de la Biblia. Por tanto, he seleccionado un himno de alabanza general, que es siempre apropiado.

HIMNO

«¡Oh, que tuviera lenguas mil!»

Este himno de Carlos Wesley (1707-88) empieza deseando tener «mil lenguas» para cantarle alabanzas a Dios. La segunda estrofa es una oración pidiendo que Dios le «ayude» a proclamar su alabanza por toda la tierra.

¡Oh, que tuviera lenguas mil
Del Redentor cantar
La gloria de mi Dios y Rey,
Los triunfos de su amor!

Bendito mi Señor y Dios,
Te quiero proclamar;
Decir al mundo en derredor
Tu nombre sin igual.

Dulce es tu nombre para mí,
Pues quita mi temor;
En él halla salud y paz
El pobre pecador.

Rompe cadenas del pecar;
Al preso librará;
Su sangre limpia al ser más vil,
¡Gloria a Dios, soy limpio ya!

AUTOR: CARLOS WESLEY, TRAD. ROBERTO H. DALKE
(TOMADO DE HIMNOS DE FE Y ALABANZA, #25)

Capítulo 2

EL REGRESO DE CRISTO: ¿CUÁNDO Y CÓMO?

¿Cuándo y cómo regresará Cristo?
¿Podría venir en cualquier momento?

EXPLICACIÓN Y BASES BÍBLICAS

El estudio de eventos futuros se llama a menudo «*escatología*», del griego *escatos*, que significa «último». Entonces, la escatología es el estudio de las «últimas cosas».

Los incrédulos pueden hacer predicciones razonables sobre eventos futuros basadas en patrones de los acontecimientos pasados, pero está claro que de acuerdo con la naturaleza de la experiencia humana los seres humanos por sí mismos no pueden *conocer* el futuro. Por lo tanto, los incrédulos no pueden poseer un conocimiento seguro de ningún evento futuro. Pero los cristianos que creen en la Biblia están en una situación diferente. Aunque no podemos conocer todo sobre el futuro, Dios conoce todas las cosas sobre el futuro y en la Escritura nos ha comunicado los acontecimientos principales por venir en la historia del universo. Podemos tener absoluta confianza que estos eventos ocurran, pues Dios nunca se equivoca y nunca miente.

Al estudio de los eventos futuros que ocurrirán a los individuos se le llama a veces «*escatología personal*». Pero la Biblia también habla acerca de ciertos eventos mayores que afectarán al universo entero. Específicamente, ella nos habla de la segunda venida de Cristo, el milenio, el juicio final, el castigo eterno para los incrédulos y la recompensa eterna para los creyentes, y la vida con Dios en el nuevo cielo y la nueva tierra. Al estudio de estos eventos se le llama a veces «*escatología general*». En este capítulo estudiaremos el tema del regreso de Cristo, o su «Segunda Venida». Los capítulos subsecuentes tratarán el resto de los tópicos en un estudio de las últimas cosas.

Ha habido muchos debates —a veces acalorados— en la historia de la iglesia sobre cuestiones relacionadas con el futuro. En este capítulo comenzaremos con aspectos de la

Segunda Venida de Cristo con los cuales todos los evangélicos están de acuerdo, y entonces al final se vuelve a una cuestión controversial: si Cristo puede retornar en cualquier momento. Entonces, en el siguiente capítulo discutiremos la cuestión del milenio, un tópico que ha sido una fuente de controversia entre cristianos.

A. Habrá un súbito, personal, visible y corporal regreso de Cristo

Jesús habló a menudo de su regreso. «Por eso también deben estar preparados, porque el Hijo del hombre vendrá cuando menos lo esperen» (Mt 14:44). Dijo: «*Vendré para llevármelos conmigo*. Así ustedes estarán, donde yo esté. Ustedes ya conocen el camino para ir adonde yo voy» (Jn 14:3). Inmediatamente después que Jesús ascendió al cielo, dos ángeles le dijeron a los discípulos: «Este mismo Jesús, que ha sido llevado de entre ustedes al cielo, *vendrá otra vez* de la misma manera que lo han visto irse» (Hch 1:11). Pablo enseñó: «*El Señor mismo descenderá del cielo* con voz de mando, con voz de arcángel y con trompeta de Dios» (1 Ts 4:16). El autor de Hebreos escribió que Cristo «*aparecerá por segunda vez*, ya no para cargar con pecado alguno, sino para traer salvación a quienes lo esperan» (Heb 9:28). Santiago escribió: «la venida[1] del Señor, que ya se acerca» (Stg 5:8). Pedro dijo: «Pero el día del Señor vendrá como un ladrón» (2 P 3:10). Juan escribió: «cuando Cristo venga seremos semejantes a él» (1 Jn 3:2). Y el libro de Apocalipsis hace frecuentes referencias al regreso de Cristo, y termina con la promesa «Sí, *vengo pronto*», y Juan responde: «Amén. ¡Ven, Señor Jesús!» (Ap 22:20).

Este tema, entonces, se menciona frecuentemente a lo largo del Nuevo Testamento. Esta es la esperanza de la iglesia del Nuevo Testamento. Estos versículos predicen un súbito regreso de Cristo que será dramático y visible («¡Miren que viene en las nubes! Y todos lo verán con sus propios ojos», Ap 1:7). Los pasajes son demasiados explícitos como para permitir la idea (una vez popular en los círculos protestantes liberales) de que el propio Jesús no vendrá, sino que simplemente vendrá el espíritu de Cristo, en el sentido de que la aceptación de sus enseñanzas y la imitación de su estilo amoroso de vida regresarían de forma creciente a la tierra. No son sus enseñanzas o su manera de vivir, sino «*el propio Señor*» quien descenderá del cielo (1 Ts 4:16). Es el mismo Jesús «que ha sido llevado de entre ustedes al cielo» el que «vendrá otra vez *de la misma manera* que lo han visto irse» (Hch 1:11). Su aparición no será una venida meramente espiritual para morar en los corazones de las personas, sino un regreso *personal* y *corporal* «de la misma manera que lo han visto irse».

B. Debemos esperar ansiosos el regreso de Cristo

La respuesta de Juan al final de Apocalipsis debe caracterizar los corazones de los cristianos de todas las épocas: «Amén, ¡Ven, Señor Jesús!» (Ap 22:20). El verdadero cristianismo nos prepara para «vivir en este mundo con justicia, piedad y dominio propio,

---

[1] El término *parousia* se utiliza en teología con el significado de «Segunda Venida» (de Cristo). Este vocablo viene de la palabra griega «venir» (*parousia*) que se usa para referirse a la Segunda Venida de Cristo en Santiago 5:8 y otros pasajes del Nuevo Testamento. Como *parousia* no es un término de uso común, no lo he empleado en este libro.

mientras aguardamos la bendita esperanza, es decir, la gloriosa venida de nuestro Dios y Salvador Jesucristo» (Tit 2:12-13)[2]. Pablo dice: «nosotros somos ciudadanos del cielo, *de donde anhelamos recibir al Salvador, el Señor Jesucristo»* (Fil 3:20)[3]. El término «Marana ta», en 1 Corintios 16:22 significa también «¡Nuestro Señor, viene!» (2 Co 16:22 RVR).

¿Esperan ansiosos los cristianos el regreso del Señor? Mientras más los cristianos queden atrapados en el disfrute de las cosas de esta vida, y mientras más descuiden el genuino compañerismo cristiano y su relación personal con Cristo, menos anhelarán su regreso. Por otro lado, muchos cristianos que experimentan sufrimientos y persecución, o que están enfermos y tienen más años, y aquellos cuyo andar diario con Cristo es profundo y vital, sentirán un mayor anhelo por su regreso. Entonces, en cierta medida, el grado en que realmente anhelemos el regreso de Cristo es una medida de la condición espiritual de nuestras vidas en ese momento. También da alguna medida del grado en que vemos el mundo tal cual es realmente, como Dios lo ve, siervo del pecado y en rebelión contra Dios, y bajo el poder del maligno (1 Jn 5:19).

¿Significa esto que no debemos emprender proyectos a largo plazo? Si un científico que es cristiano ansiosamente espera el regreso de Cristo, ¿debe iniciar un proyecto de diez años? ¿O debe un cristiano comenzar un curso de tres años en un seminario de teología o una universidad bíblica? ¿Qué si Cristo fuera a regresar el día antes de la graduación en esa institución, antes que hubiera la más mínima oportunidad de dedicar un monto significativo de tiempo al ministerio real?

Ciertamente debemos emprender actividades a largo plazo. Es precisamente por esta razón que Jesús no nos permite conocer el verdadero momento de su regreso (ver más adelante): quiere que estemos ocupados en obedecerle, no importa cuál sea nuestro camino en la vida, hasta el mismo momento de su regreso. Estar «listos» para el regreso de Cristo (Mt 24:44) es estar obedeciéndolo fielmente en el presente, activamente involucrados en cualquier actividad a la que nos haya llamado. De acuerdo con la naturaleza de la situación, como no sabemos cuándo regresará, sin duda ese día habrá algunos misioneros que en ese momento partan para su campo de misión, que nunca llegarán a su destino. Habrá algunos en el último año de su educación teológica que nunca utilizarán su entrenamiento para pastorear una iglesia. Habrá algunos investigadores ofreciendo su disertación doctoral ese día, los frutos de años de investigación que nunca se publicarán y nunca ejercerán influencia en el mundo. Pero a todas esas personas que son cristianas, Jesús siempre les dirá: «¡Hiciste bien, siervo bueno y fiel! Has sido fiel en lo poco; te pondré a cargo de mucho más. ¡Ven a compartir la felicidad de tu Señor!» (Mt 25:21).

C. No sabemos cuándo Cristo volverá

Varios pasajes indican que no sabemos, ni podemos saber, el momento del regreso de Cristo. «Por eso también ustedes deben estar preparados, porque el Hijo del hombre vendrá *cuando menos lo esperen»* (Mt 24:44). «Manténgase despiertos *porque no saben ni el día ni la hora»* (Mt 25:13). Por otra parte, Jesús dijo: «Pero en cuanto al día y la hora, nadie

---

[2]La palabra traducida aquí como «aguardar» (*prosdecomai*) tiene un matiz de ansiosa expectativa: se le atribuye a José de Arimatea, quien «también esperaba el reino de Dios» (Mr 15:43; Lc 23:51) y el justo Simeón «que aguardaba con esperanza la redención de Israel (Lc: 2:25).

[3]La palabra traducida aquí como «aguardamos» es *apekdechomai*, «aguardar ansiosamente» (note su uso con este sentido en Ro 8:19, 23; 1 Co 1:7; Gá 5:5).

lo sabe, ni siquiera los ángeles del cielo, ni el Hijo, sino solo el Padre. ¡Estén alerta! ¡Vigilen! *Porque ustedes no saben* cuándo llegará ese momento» (Mr 13:32-33).

Decir que no podemos saber el día o la hora, pero que podemos conocer el mes o el año es evadir la fuerza de esos pasajes. Permanece el hecho que Jesús vendrá «cuando menos lo esperen» (Mt 24:44), y «a la hora que no penséis» (Lc 12:40 RVR). En estos versículos la palabra «hora» se entiende mejor en un sentido más general, como referencia a un momento cuando algo tendrá lugar, no necesariamente a un período de tiempo de sesenta minutos[4]. El objetivo de estos pasajes es que sepamos, como Jesús nos dice, que *no podemos* saber cuándo él regresará. Como vendrá en un momento inesperado, debemos estar listos en todo momento para su regreso.

El resultado práctico de esto es que todo el que alega conocer específicamente cuándo regresa Jesús debe ser considerado equivocado. Los Testigos de Jehová han hecho muchas predicciones de fechas específicas para el regreso de Cristo, y todas ellas han resultado estar equivocadas[5]. Pero otros en la historia de la iglesia han hecho también esas predicciones, a veces afirmando tener un nuevo entendimiento de las profecías bíblicas, y en ocasiones haber recibido revelaciones personales del propio Jesús que indican el momento de su regreso. Y es desafortunado que muchos hayan sido engañados por estas afirmaciones, debido a que si las personas están convencidas que Cristo regresará (por ejemplo) en un mes, comenzarán a retirarse de todos los compromisos de largo plazo. Sacarán a sus hijos de la escuela, venderán sus casas, renunciarán a sus empleos y dejarán de trabajar en cualquier proyecto de largo plazo, sea en la iglesia o en algún otro lugar. Puede que inicialmente sientan un creciente celo por la evangelización y la oración, pero la naturaleza irracional de su conducta contrarrestará cualquier impacto evangelístico que puedan ejercer. Por otro lado, simplemente estarán *desobedeciendo* la enseñanza de la Escritura de que la fecha del regreso de Cristo no puede conocerse, lo que significa que hasta sus oraciones y compañerismo con Dios se dañarán también. Todo el que afirme conocer la fecha en que Cristo regresará —no importa la fuente— se debe rechazar como alguien equivocado[6].

D. Todos los evangélicos concuerdan en los resultados últimos del regreso de Cristo

No importa cuáles sean sus diferencias sobre los detalles, todos los cristianos que aceptan la Biblia como su autoridad máxima concuerdan en que el resultado final y último del regreso de Cristo será el juicio de los incrédulos y la recompensa final de los

---

[4]BAGD, p. 896, 3.

[5]Su intento de salvar la cara aduciendo que Jesús regresó realmente el 1 de octubre de 1914, de una forma invisible, es incorrecto pues niega la naturaleza visible y corporal del regreso de Cristo que se especifica con tanta claridad en varios pasajes citados antes.

[6]Aun en el «ilustrado» siglo XX, tales alarmas podían convencer a mucha gente. En el verano de 1988 un antiguo especialista en cohetes con credenciales académicas impresionantes circuló un folleto alegando que Jesús retornaría en 12 de septiembre de 1988, y decenas de miles de copias del libro le dieron la vuelta a Estados Unidos y varias partes del mundo. Me sorprendió descubrir que algunos amigos cristianos, por lo demás sobrios, lo habían leído y estaban alarmados, y escuchar que otros cristianos de nuestra comunidad habían sacado a sus hijos de la escuela a fin de estar juntos como una familia cuando volviera Cristo. Cuando la predicción falló, el autor, Edgar Whisenant, la revisó diciendo que sus cálculos estaban equivocados por un año y en su lugar Cristo retornaría el 1 de septiembre de 1989 (un día más tarde o más temprano), o, si no entonces, en Rosh Hashanah de 1990 o 1991 o 1992, o, a más tardar, en septiembre 15-17 de 1993. Por supuesto que estas predicciones también fallaron. Pero se interrumpieron muchas vidas y muchas personas alentaron falsas expectativas suscitadas y luego quebradas por la publicación de este folleto y sus secuelas. Vea Edgar Whisenant, *88 Reasons Why the Rapture Hill Be in 1988* (World Bible Society, Nashville, TN, 1988), y Edgar Whisenant and Greg Brewer, *The Final Shout: Rapture Report 1989* (World Bible Society, Nashville, TN., 1989).

creyentes, y que estos vivirán con Cristo en un nuevo cielo y una nueva tierra por toda la eternidad.

Dios Padre, Hijo y Espíritu Santo reinará y será adorado en un reino eterno donde no habrá más pecado, pena ni sufrimiento. Discutiremos estos detalles más ampliamente en los siguientes capítulos.

E. Hay desacuerdo sobre los detalles de los eventos futuros

A pesar de todo, los cristianos difieren sobre los detalles específicos que conducen y siguen inmediatamente al regreso de Cristo. Ellos difieren específicamente en la naturaleza del milenio y la relación del regreso de Cristo con el milenio, la secuencia del regreso de Cristo y el período de la gran tribulación que vendrá sobre la tierra, así como en la cuestión de la salvación del pueblo judío (y de la relación entre los judíos salvos y la iglesia).

Antes que examinemos algunas de estas cuestiones con más detalle, es importante subrayar la posición genuinamente evangélica de quienes sostienen diferentes posiciones al respecto. Todos los evangélicos que sostienen estas distintas posiciones concuerdan en que la Escritura está libre de errores, y tienen el compromiso de creer *todo* lo que la Escritura enseña. Sus diferencias tienen que ver con la interpretación de varios pasajes relacionados con estos acontecimientos, pero sus diferencias sobre estos temas deben ser vistas como cuestiones de importancia secundaria, no como diferencias sobre cuestiones doctrinarias fundamentales.

A pesar de todo, vale la pena que dediquemos tiempo al estudio de estas cuestiones con más detalle, porque podemos obtener una mejor comprensión de la naturaleza de estos eventos que Dios ha planeado y nos ha prometido, y porque todavía hay esperanza de que se produzca una mayor unidad en la iglesia cuando acordemos examinar estos temas de nuevo con más detalle y nos empeñemos en discutirlos como se debe.

F. ¿Podría Cristo volver en cualquier momento?

Una de las áreas de desacuerdo importante trata de la cuestión de si Cristo podría regresar en cualquier momento. Por un lado, hay muchos pasajes que nos instan a estar listos porque Cristo regresará cuando menos lo esperemos. Por otro lado, hay varios pasajes que hablan de ciertos eventos que ocurrirán antes del regreso de Cristo. Ha habido diferentes maneras de resolver la aparente tensión entre estos dos conjuntos de pasajes, con algunos cristianos que concluyen que Cristo podría regresar en cualquier momento, y otros que concluyen que no podría regresar por lo menos en una generación, porque tomaría ese tiempo el cumplimiento de algunos de los acontecimientos vaticinados que deben ocurrir antes de su regreso.

1. Versículos que predicen un regreso de Cristo súbito e inesperado. A fin de sentir la fuerza acumulativa de los pasajes que predicen que Cristo vendrá muy pronto, ayuda relacionarlos aquí en orden:

Manténganse despiertos, porque no saben qué día vendrá su Señor. Pero entiendan esto: Si un dueño de casa supiera a qué hora de la noche va a llegar el ladrón, se mantendría despierto para no dejarlo forzar la entrada. Por eso ustedes *deben también estar preparados*, porque el Hijo del hombre *vendrá cuando menos lo esperen*. (Mt 24:42-44; cf. 36-39)

El día en que el siervo *menos lo espere y a la hora menos pensada* el señor volverá. (Mt 24:50)

Manténganse despiertos porque no saben ni el día ni la hora. (Mt 25:13)

Pero en cuanto al día y la hora, nadie lo sabe, ni siquiera los ángeles del cielo, ni el Hijo, sino sólo el Padre. ¡Estén alerta! ¡Vigilen! Porque ustedes no saben cuándo llegará ese momento. (Mr 13:32-33)

Es como cuando un hombre sale de viaje y deja su casa al cuidado de sus siervos, cada uno con su tarea, y le manda al portero que vigile. *Por lo tanto, manténganse despiertos, porque no saben cuándo volverá el dueño de la casa*, si al atardecer, o a la medianoche, o al canto del gallo, o al amanecer; no sea que venga de repente y los encuentre dormidos. Lo que les digo a ustedes, se lo digo a todos: ¡*Manténganse despiertos!* (Mr 13:34-37)

Vosotros, pues, también, *estad preparados*, porque *a la hora que no penséis, el Hijo del hombre vendrá*. (Lc 12:40)

¡Marana ta! (1 Co 16:22)

En cambio, nosotros somos ciudadanos del cielo, *de donde anhelamos recibir al Salvador*, el Señor Jesucristo. (Fil 3:20)

Porque ya saben que *el día del Señor llegará como ladrón en la noche*. (1 Ts 5:2)

Y nos enseña a rechazar la impiedad... Así podremos vivir en este mundo con justicia, piedad y domino propio, *mientras aguardamos la bendita esperanza*, es decir, la gloriosa venida de nuestro gran Dios y Salvador Jesucristo. (Tit 2:12-13) Sino animémonos unos a otros, y con mayor razón ahora *que vemos que aquel día se acerca*. (Heb 10:25)

Por tanto, hermanos, tengan paciencia hasta la venida del Señor... Manténganse firmes y aguarden con paciencia *la venida del Señor, que ya se acerca... ¡El juez ya está a la puerta!* (Stg 5:7-9)

Ya se acerca el fin de todas las cosas. (1 P 4:7)

Pero el día del Señor vendrá como un ladrón. En aquel día los cielos desaparecerán con un estruendo espantoso, los elementos serán destruidos por el fuego, y la tierra, con todo lo que hay en ella, será quemada. (2 P 3:10)

El tiempo está cerca (Ap 1:3)

¡Miren *que vengo pronto* (Ap 22:7)

¡Miren que *vengo pronto!* Tengo conmigo mi recompensa, y le pagaré a cada uno según lo que haya hecho. (Ap 22:12)

El que da testimonio de estas cosas, dice: «Sí, *vengo pronto*». Amén. ¡Ven, Señor Jesús! (Ap 22:20)

¿Qué diremos de estos pasajes? Si no hubiera pasajes en el Nuevo Testamento sobre señales que precederían el regreso de Cristo, probablemente concluiríamos de los pasajes acabados de citar que Jesús podría venir en cualquier momento. En este sentido, ¿podríamos decir que el regreso de Cristo *es inminente*?[7]. Parecería embotar la fuerza de los mandatos a *estar listos* y *vigilar* si hubiera una razón para pensar que Cristo no volvería pronto.

En este punto, antes de examinar los pasajes sobre las señales que preceden el regreso de Cristo, debe considerarse otro problema. ¿Estaban Jesús y el Nuevo Testamento equivocados en su expectativa de que él regresaría pronto? ¿No piensan ellos y aun enseñan que la Segunda Venida de Cristo ocurriría en solo unos pocos años? De hecho, un punto de vista de mucho relieve entre especialistas liberales del Nuevo Testamento ha sido que Jesús enseñó erróneamente que él regresaría pronto.

Pero ninguno de los textos citados requiere esta interpretación. Los textos que dicen estad listos no dicen cuánto tiempo tendremos que esperar, ni tampoco dicen que Jesús viene en un momento que no esperamos. En cuanto a los textos que dicen que Jesús viene «pronto», tenemos que darnos cuenta de que los profetas bíblicos a menudo hablan en términos de una «abreviación profética», que ven los acontecimientos futuros pero no ven el tiempo que media antes que esos eventos ocurran.

Georg Ladd dice:

> Los profetas estaban poco interesados en la cronología, y el futuro se veía siempre como inminente… los profetas del Antiguo Testamento mezclaban las perspectivas de lo cercano y lo lejano para formar un solo lienzo. La profecía bíblica no es tridimensional en lo fundamental, sino bidimensional; tiene altura y ancho pero se preocupa poco de la profundidad, i.e., la cronología de los eventos futuros… lo distante se percibe a través de la transparencia de lo inmediato. Es verdad que la iglesia primitiva vivió a la expectativa del regreso del Señor, y está en la naturaleza de la profecía bíblica hacer posible que cada generación viva a la expectativa del fin[8].

Pedro también nos recuerda que el Señor tiene una perspectiva del tiempo diferente a la nuestra, de manera que el «pronto» puede que no sea lo que esperamos: «Pero no olviden, queridos hermanos, que para el Señor un día es como mil años, y mil años como un día. El Señor no tarda en cumplir su promesa, según entienden algunos la tardanza» (2 P 3:8-9).

2. Señales que preceden el regreso de Cristo. El otro conjunto de textos a ser considerados hablan de varias señales que la Escritura dice precederán el momento del regreso de Cristo. De hecho, Berkhof afirma: «De acuerdo con la Escritura tienen que ocurrir varios

---

[7]En este capítulo, debe estar claro que *no* uso *inminente* como un término técnico para designar un rapto anterior a la tribulación (explicado abajo), sino simplemente para decir que Cristo podría regresar cualquier día, o aun a cualquier hora. Todavía más, no uso el término *inminente* para decir que Cristo *ciertamente* vendrá pronto (pues entonces los versículos que hablan de inminencia habrían estado equivocados cuando fueron escritos). Utilizo la palabra *inminente* para decir que Cristo *podría* venir y *vendría* en cualquier momento. (Otros definen *inminente* con más amplitud, dándole el significado de que Cristo podría venir en cualquier generación. No utilizo el término de esa manera en este capítulo).

[8]George Eldon Ladd, *A Commentary on the Revelation of John* (Grand Rapids: Eerdmans, 1972), p. 22.

eventos importantes antes del regreso del Señor, y por lo tanto este no puede llamarse inminente»[9].

Aquí sería útil relacionar aquellos pasajes que se refieren más directamente a las señales que deben ocurrir antes del regreso de Cristo.

a. La predicación del evangelio a todas las naciones:

Pero *primero tendrá que predicarse el evangelio a todas las naciones* (Mr 13:10; cf. Mateo 24:14)

b. La gran tribulación:

Cuando sepan de guerras y de rumores de guerras, no se alarmen. Es necesario que eso suceda, pero no será todavía el fin. Se levantará nación contra nación, y reino contra reino. Habrá terremotos por todas partes; también habrá hambre. *Esto será apenas el comienzo de los dolores.* (Mr 13:7-8; cf. Mt 24:15-22; Lc 21:20-24)

Porque serán días de tribulación como no ha habido desde el principio, cuando Dios creó al mundo, ni la habrá jamás. Si el Señor no hubiera acortado esos días, nadie sobreviviría; ero por causa de los que ha elegido, los ha acortado. (Mr 13:19-20)

c. Falsos profetas que harán señales y milagros:

Porque surgirán falsos profetas que harán señales y milagros, para engañar, de ser posible, aun a los elegidos. (Mr 13:22; cf. Mt 24:23-24)

d. Señales en los cielos:

Pero en aquellos días, *después de esa tribulación, «se oscurecerá el sol y no brillará más la luna; las estrellas caerán del cielo y los cuerpos celestes serán sacudidos».* Verán entonces al Hijo del hombre venir en las nubes con gran poder y gloria. (Mr 13:24-25; cf. Mt 24:29-30; Lc 21:25-27)

e. La venida del hombre de pecado y la rebelión:
Pablo escribe a los tesalonicenses que Cristo no vendrá hasta que el hombre de pecado sea primero revelado, y entonces el Señor Jesús lo destruirá en su venida. A este «hombre de pecado» se le identifica a veces con la bestia de Apocalipsis 13, y a veces se le llama el anticristo, el peor y último en la serie de «anticristos» mencionados en 1 Juan 2:18. Pablo escribe:

Ahora bien, hermanos, en cuanto a la venida de nuestro Señor Jesucristo... *primero tiene que llegar la rebelión contra Dios y manifestarse el hombre de maldad, el*

---

[9]Berkhof, *Systematic Theology*, p. 696. Éste relaciona varios eventos, como la predicación del evangelio a todas las naciones, la plena restauración de Israel, la gran tribulación, la revelación del anticristo, y la notable conjunción de muchas señales y milagros ominosos (guerras, hambrunas, terremotos, falsos profetas que hacen milagros, y temibles señales en el sol, la luna y las estrellas), todo lo cual discute en la pp. 697-703.

destructor por naturaleza. Este se opone y se levanta contra todo lo que lleva el nombre de Dios o es objeto de adoración, *hasta el punto de adueñarse del templo de Dios y pretender ser Dios*... Bien saben que hay algo que detiene a este hombre, a fin de que él se manifieste a su debido tiempo. Es cierto que el misterio de la maldad ya está ejerciendo su poder; pero falta que sea quitado de en medio el que ahora lo detiene. *Entonces se manifestará aquel malvado, a quien el Señor Jesús derrocará con el soplo de su boca y destruirá con el esplendor de su venida*. El malvado vendrá, por obra de Satanás, *con toda clase de milagros, señales y prodigios falsos. Con toda perversidad engañará a los que se pierden* por haberse negado a amar la verdad y así ser salvos. (2 Ts 2:1-10)

f. La salvación de Israel: Pablo habla del hecho de que muchos judíos han confiado en Jesús, pero dice que algún día en el futuro un gran número será salvo:

Pero si su transgresión ha enriquecido, es decir si su fracaso ha enriquecido a los gentiles, *¡cuánto mayor será la riqueza que su plena restauración producirá!* (Ro 11:12)[10].

Hermanos, quiero que entiendan este misterio para que no se vuelvan presuntuosos. Parte de Israel se ha endurecido, y así permanecerá hasta que haya entrado la totalidad de los gentiles. *De esta misma manera todo Israel será salvo.* (Ro 11:25-26)

g. Conclusiones de estas señales que preceden el regreso de Cristo: El impacto de estos pasajes parece tan claro que, como se mencionó antes, muchos cristianos sienten simplemente que Cristo no puede retornar en cualquier momento[11]. Cuando examinamos la lista de señales ofrecidas, no parece que sea necesario argumentar mucho para demostrar que la mayoría de estos eventos, o quizá todos ellos, no han ocurrido aun. O por lo menos ese parece ser el caso tras una primera lectura de estos pasajes[12].

3. Posibles soluciones. ¿Cómo podemos reconciliar los pasajes que parecen advertirnos que estemos listos porque Cristo podría venir en cualquier momento, con los pasajes que indican que varios acontecimientos importantes y visibles deben tener lugar antes que Cristo pueda volver? Se han propuesto varias soluciones.

Una solución podría ser afirmar que *Cristo no podría volver en ningún momento.* Louis Berkhof asume esta posición, en la frase antes citada. Cuánto tiempo pasaría antes que Cristo regresara depende del estimado de cada persona sobre cuánto tiempo demorarían en cumplirse algunas señales, tales como la predicación del evangelio a todas las naciones, la llegada de la gran tribulación, y la congregación de todos los judíos que serán salvos.

Este punto de vista tiene dos dificultades. Primero, realmente parece anular la fuerza de la advertencia de Jesús de que debemos vigilar, estar listos, y de que él regresaría en

---

[10]La palabra griega traducida aquí «plena restauración» es *pleroma*, «plenitud». A esta futura plena restauración de Israel entre el pueblo de Dios también la llaman a veces la «plenitud» de Israel.

[11]Louis Berkhof también menciona Mt 25:19, según el cual el maestro regresa «después de mucho tiempo», y Mt 25:5, que habla de la tardanza del novio en regresar (*Systematic Theology*, p. 697). Pero ambos pasajes son vagos en lo que toca al exacto monto de tiempo, y ambos serían consistentes aun con un atraso de diez o veinte años tras el regreso de Jesús al cielo.

[12]No he relacionado «las guerras y rumores de guerras» y «hambres y terremotos por todas partes» (Mt 24:6-7) como señales que deben preceder el regreso de Cristo, porque han estado presentes a todo lo largo de la historia, y porque no se mencionan por Jesús como señales que precederían inmediatamente su regreso, sino como eventos que vienen antes de esas señales, como «el comienzo de los dolores» (Mt 24:8). Sin embargo, una intensificación de estas cosas puede que indique el comienzo de los últimos días, con otras señales que pronto seguirían.

un momento que no esperamos. ¿Qué fuerza tiene una advertencia de estar listos para el regreso de Cristo en un momento inesperado cuando sabemos que esta venida *no puede* ocurrir en muchos años? La sensación de espera urgente del regreso de Cristo disminuye mucho o se niega por completo en esta posición, y el resultado parece ser absolutamente contrario a la intención de Jesús al hacer tales advertencias.

Segundo, esta posición parece utilizar estas señales de una forma completamente opuesta a la forma que Jesús quería que se usara. Se ofrecen las señales de manera que, cuando las veamos, *intensificarán nuestra expectación* del regreso de Cristo. Jesús dijo: «*Cuando comiencen a suceder estas cosas, cobren ánimo y levanten la cabeza, porque se acerca su redención*» (Lc 21:28). Y las advertencias también se ofrecen para impedir que los creyentes se extravíen y sigan a falsos mesías: «Tengan cuidado de que nadie los engañe— comenzó Jesús a advertirles. Vendrán muchos que, usando mi nombre, dirán: «Yo soy», y engañarán a muchos… Entonces si alguno os dijere: Mirad, aquí está el Cristo; o, mirad, allí está, no le creáis» (Mr 13:5-6, 21). De manera que se ofrecen las señales para impedir que los cristianos se sorprendan con estos notables eventos, para asegurarles que Dios los conoce por anticipado, y para impedir que sigan tras supuestos mesías que no vienen de un modo dramático, visible y como conquistadores del mundo, como vendrá Jesús. *Pero las señales nunca se ofrecen para hacer que pensemos: «Jesús no podría venir en unos pocos años»*. No hay indicios de que Jesús diera estas señales a fin de proveer a los cristianos con una razón *para que no estuvieran listos* para su venida ¡o a fin de alentarlos a *no esperar* que él podría venir en cualquier momento! Utilizar las señales que precederán el regreso de Cristo de esta manera (como hace Berkhof, por ejemplo), es utilizarlas de una forma que Jesús nunca se propuso. Por lo tanto, no parece convincente decir que Cristo no podría venir en cualquier momento.

Otra solución importante a este problema es decir que Cristo de hecho podría venir en cualquier momento, y reconciliar los dos conjuntos de pasajes de varias maneras. (1) Una forma de conciliarlos es decir que *el Nuevo Testamento habla de dos regresos distintos de Cristo*, o dos segundas venidas de Cristo[13], esto es, una venida *secreta* en la que Cristo se lleva a los cristianos del mundo (una venida «para sus santos»), y entonces, siete años después que haya ocurrido la tribulación sobre la tierra, una venida visible, *pública*, triunfante (una venida «con sus santos») en la que Cristo viene a reinar sobre la tierra. Durante el intervalo de siete años todas las señales que todavía no se hayan cumplido (la gran tribulación, los falsos profetas con señales y milagros, el anticristo, la salvación de Israel, y las señales en los cielos) se cumplirán, de manera que no hay ninguna tirantez entre esperar por una venida que podría ocurrir «en cualquier momento» y comprender que una posterior venida estará precedida por muchas señales[14].

El problema con esta solución es que resulta difícil derivar dos venidas separadas de Cristo de los pasajes que predicen su regreso. Sin embargo, no discutiremos esta cuestión aquí, pero la trataremos en el siguiente capítulo, cuando se considere el punto de vista

---

[13]Aquellos que sostienen este punto de vista objetan la caracterización de esto como dos segundas venidas y prefieren hablar de dos aspectos de la misma Segunda Venida, pero como estas dos venidas están separadas por un intervalo de siete años, no parece equivocado caracterizar el punto de vista como los que creen en dos segundas venidas.

[14]Ese punto de vista es el de la pretribulación, que se le llama a menudo el del rapto de la pretribulación, pues aquellos que lo sostienen refieren frecuentemente al primer regreso secreto de Cristo para sacar a los cristianos del mundo como un «rapto» (del lat. *rapio*, «capturar, arrebatar, arrastrar»). Este punto de vista se discute en el capítulo 3, secciones A.3.b y E.

del milenio pretribulación del regreso de Cristo[15]. También debemos anotar que esta solución es bastante reciente, pero se desconocía en la historia de la iglesia antes que John Nelson Darby la propusiera en el siglo diecinueve (1800-1882). Esto debe alertarnos sobre el hecho de que esta solución no es la única posible para la tirantez que se presenta en los pasajes citados anteriormente.

(2) Otra solución es decir que *todas las señales se han cumplido, y por lo tanto Cristo podría regresar en cualquier momento*. Según este punto de vista, se podría esperar un posible cumplimiento de estas señales en los eventos de la iglesia primitiva, aun en el primer siglo. En cierto sentido, podría decirse, que el evangelio se predicó de hecho a todas las naciones, falsos profetas se levantaron y se opusieron a este, hubo una gran tribulación con la persecución que sufrió la iglesia a manos de algunos emperadores romanos, el hombre de maldad era el emperador Nerón, y el número del pueblo judío que será salvo ha aumentado gradualmente a lo largo de la historia de la iglesia, pues el propio Pablo se pone a sí mismo como ejemplo del comienzo de la congregación del pueblo judío (Ro 11:1). Discutiremos con más detalle en la siguiente sección el punto de vista de que las señales que preceden al regreso de Cristo *puede* que ya se hayan cumplido, pero aquí podemos simplemente anotar que muchas personas no han hallado convincente ningún punto de vista que diga que han ocurrido porque les parece que esas señales apuntan a eventos mucho mayores que los que tuvieron lugar en el primer siglo.

(3) Hay otra manera posible de conciliar estos dos conjuntos de pasajes. Es decir que es *poco probable pero posible que las señales ya se hayan cumplido*, y que por lo tanto no podamos simplemente saber con certeza en ningún momento de la historia si todas las señales se han cumplido o no. Esta posición es atractiva pues toma en serio el propósito primario de las advertencias, y el hecho de que no conoceremos cuándo Cristo regresará. Con respecto a las señales, su propósito primario es intensificar nuestras expectativas sobre el regreso de Cristo. Por lo tanto, cuando quiera que veamos indicios de cosas que se asemejan a estas señales, se elevarán e intensificarán nuestras expectativas sobre el regreso de Cristo. Con respecto a las advertencias de estar listos, los que abogan por esta posición dirían que Cristo *podría* regresar en cualquier momento (pues no podemos estar seguros de que las señales no se han cumplido), de manera que debemos estar listos, aunque es *poco probable* que Cristo regresará de inmediato (porque parece que aun deben cumplirse varias señales). Por último, esta posición está de acuerdo con que no podemos saber cuándo regresará Cristo, y que regresará en el momento cuando no lo esperemos. Pero ¿es posible que estas señales se hayan cumplido? Las podemos examinar una a una. En cada caso nuestra conclusión será que es *poco probable, pero posible, que la señal ya se haya cumplido*.

a. La predicación del evangelio a todas las naciones. ¿Se ha predicado el evangelio a todas las naciones? Probablemente no, pues hay muchos grupos lingüísticos y tribus que aún no lo han escuchado . Por consiguiente, es poco probable que esta señal se haya cumplido. No obstante, Pablo sí habla en Colosenses sobre la divulgación mundial del

---

[15]Vea el capítulo 3, sección E, para un análisis del punto de vista de la tribulación premileniodel regreso de Cristo.

evangelio. Habla de que «el evangelio que ha llegado hasta ustedes. Este evangelio está dando fruto y creciendo en todo el mundo» (Col 1:5-6). También habla de que «este es el evangelio que ustedes oyeron y que ha sido proclamado en toda la creación debajo del cielo, y del que yo, Pablo, he llegado a ser servidor» (Col 1:23). Con estos versículos, él ciertamente no indica que toda criatura viva ha escuchado la proclamación del evangelio, sino que su proclamación ha avanzado en todo el mundo, y que en un sentido por lo menos alegórico, el evangelio ha sido predicado a todo el mundo o a todas las naciones[16]. Por lo tanto, es poco probable pero posible que esta señal se haya cumplido inicialmente en el primer siglo y se haya cumplido en mayor medida muchas veces desde entonces.

b. La gran tribulación: De nuevo, parece que el lenguaje de la Escritura indica un período en el que llega a la tierra un sufrimiento mucho mayor que todo lo que hasta ahora se ha experimentado. Pero se tiene que comprender que muchas personas han entendido las advertencias de Jesús sobre la gran tribulación como referidas al sitio romano de Jerusalén durante la Guerra Judía de 66-70 d.C.[17]. El sufrimiento durante esa guerra fue efectivamente terrible, y pudo ser lo que Jesús describía al predecir esta tribulación. De hecho, desde el primer siglo, ha habido muchos períodos de violenta e intensa persecución de los cristianos, y aun en nuestro siglo mucho de esto ha ocurrido en amplias porciones del globo terráqueo, con cristianos horriblemente perseguidos en la antigua Unión Soviética, en la China comunista, y en los países musulmanes. Sería difícil convencer a algunos cristianos de este siglo, quienes han pasado por décadas de persecución por su fe, y han conocido persecuciones que afectan a otros cristianos a lo largo de grandes segmentos del mundo, que esa gran tribulación ciertamente no ha ocurrido todavía. Ellos han deseado y orado durante años porque Cristo venga y los rescate de la tribulación que padecen.

Una vez más, aunque podemos pensar que las palabras de Jesús indican la probabilidad de una persecución todavía mayor que viene en el futuro, es difícil estar seguros de esto. Parece apropiado concluir que es poco probable, pero posible que la predicción de una gran tribulación ya se haya cumplido.

c. Falsos cristos y falsos profetas: En lo que toca a los falsos cristos y falsos profetas que harán señales y milagros, cualquier misionero que haya trabajado entre gente donde la brujería y la actividad demoníaca están presentes, estarían dispuestos a testificar que «señales y maravillas» aparentemente milagrosas se han producido por el poder demoníaco para oponerse a la difusión del evangelio. Sin duda, por siglos, se han realizado milagros demoníacos y falsas señales, por lo menos desde el tiempo en que los magos de la corte del Faraón produjeron falsas señales en oposición a los milagros de Moisés (Éx 7:11; 8:7; cf. la actividad de Simón el hechicero en Hch 8:9-11). Cualquiera que sea la forma específica

---

[16]R. T. France, *The Gospel According to Matthew*, TNTC (Leicester: Inter-Varsity Press, Grand Rapids: Eerdmans, 1985), p. 339, dice de la afirmación de Jesús: «este evangelio del reino se predicará en todo el mundo como testimonio a todas las naciones» (Mt 24:14), lo siguiente: «El mundo es *oikoumene*, lit. 'el área habitada', un término que se aplicaba de ordinario al mundo griego (como opuesto a los bárbaros), entonces al Imperio Romano, y en lo sucesivo a todo el mundo conocido; por lo que no es tanto un término geográfico que debe incluir toda comunidad o área que ahora se sabe se encuentra sobre la tierra, sino más bien como indicación de la oferta universal del evangelio *a todas las naciones*, i.e., más allá de los confines de la comunidad judía... En cierto sentido Pablo pudo afirmar mucho antes de 70 d.C.: He completado la proclamación del evangelio de Cristo por todas partes, hasta la región de Iliria (Ro 15:19) y en muchas ocasiones desde entonces afirmaciones similares podrían haberse hecho para referirse a un área mucho más amplia que el *oikoumene* conocido en tiempo de Jesús».

[17]Vea la descripción de estos eventos en France, *Mattthew*, pp. 340-41, con referencia a la *Guerra de los Judíos* de Josefo 5.512-18.

que ello asuma, esa producción de milagros engañosos está casi siempre acompañada por religiones falsas, que extravían a mucha gente (los líderes de esos grupos pueden denominarse falsos mesías y falsos profetas). Parece posible que las palabras de Jesús predigan una manifestación mucho mayor de este tipo de actividades justo en el momento anterior a su regreso, pero otra vez, es difícil estar seguros de que esto será así. Es mejor concluir que es poco probable, pero aún posible, que esta señal se haya cumplido ya. .

d. Poderosas señales en los cielos: La ocurrencia de poderosas señales en los cielos es una señal que casi ciertamente no ha ocurrido todavía. Por supuesto, ha habido eclipses de sol y de luna, y han aparecido cometas, desde el comienzo del mundo. Pero Jesús habla de algo mucho mayor: «*Se oscurecerá el sol y no brillará más la luna; las estrellas caerán del cielo y los cuerpos celestes serán sacudidos*» (Mt 24:29). Aunque R. T. France intenta explicar esto como lenguaje simbólico que se refiere a la destrucción de Jerusalén y el juicio de Dios sobre ella[18], debe basar este alegato en la afirmación de Isaías 13:10 (de donde parecen tomarse las palabras de Jesús en Mt 24:29), es también lenguaje meramente simbólico que se refiere a la caída de Babilonia, por cuanto es más probable que tanto Isaías 13:10 como Mateo 24:29 hablen de una futura caída literal de las estrellas y de un oscurecimiento del sol y la luna, algo que sería un preludio adecuado a la sacudida de la tierra y los cielos y la destrucción cósmica que vendrá tras el regreso de Cristo (vea Heb 1:10-12; 12:27; 2 P 3:10-11). Por otra parte, es significativo que esta descripción de eventos cósmicos en Mateo 24:29 esté seguida en el resto del pasaje por la oración: «Verán al Hijo del hombre venir sobre las nubes del cielo con poder y gran gloria» (v. 30)[19]. Dados estos hechos, parece poco probable que las descripciones de la caída de las estrellas del cielo y el oscurecimiento del sol y la luna sean un lenguaje meramente simbólico. Es mejor considerarlas como señales reales que ocurrirán justo antes del regreso de Cristo, y como tales, caen en una categoría diferente a la de las otras señales, pues parece seguro que aún no han ocurrido. Con todo, pueden ocurrir muy rápidamente —en el lapso de unos pocos minutos o con mucho de una hora o dos— para que los siga inmediatamente el regreso de Cristo. Estas señales particulares no son del tipo que nos llevarían a negar que Cristo podría regresar en cualquier momento.

e. La aparición del hombre de maldad: Muchos intentos se han hecho a lo largo de la historia para identificar al hombre de maldad (el «anticristo») con figuras históricas que tenían gran autoridad y trajeron desolación y devastación entre la gente sobre la tierra. Muchos pensaron que los antiguos emperadores romanos, Nerón y Domiciano, quienes persiguieron severamente a los cristianos, serían el anticristo. (Muchos emperadores romanos, incluyendo estos dos, decían ser deidades y exigieron que se les adorara.) En épocas más recientes, comúnmente se consideró que Adolfo Hitler era el anticristo, como lo fue José Stalin. Por otro lado, muchos protestantes desde la reforma, especialmente aquellos perseguidos por la iglesia católica, han pensado que uno u otro de los papas era el anticristo.

---

[18]France, *Matthew*, pp. 343-44.

[19]La dificultad en la posición de France se ve en el hecho de que debe tomar esta evidentemente muy clara predicción del regreso de Cristo a la tierra como una predicción de la destrucción del templo judío en 70 d.C. Él dice que

Mt 24:30 habla de la «venida de Dios para recibir autoridad y vindicación», y por lo tanto no indica un regreso de Cristo en la carne, sino la vindicación de su autoridad «sobre el establecimiento judío que lo había rechazado» mientras la destrucción del templo ocurre en 70 d.C. (Ibíd., p. 344).

Pero todas estas identificaciones han probado ser falsas[20], y es probable que un «hombre de maldad» aun peor se levantará sobre la escena mundial y traerá sufrimientos sin paralelo y persecución, solo para que Jesús lo destruya cuando regrese. Pero el mal perpetrado por muchos de estos gobernantes ha sido tan grande que, al menos mientras estuvieron en el poder, sería difícil estar seguros de que el «hombre de maldad» mencionado en 2 Tesalonicenses 2 aún no ha aparecido[21]. De nuevo, es poco probable, pero posible que esta señal se haya cumplido.

f. La salvación de Israel: Con respecto a la salvación de Israel como un todo, se debe decir de nuevo que Romanos 9-11 parece indicar que habrá una futura reagrupación del pueblo judío en la que este se volverá y aceptará a Jesús como su Mesías. Pero no es seguro que Romanos 9-11 prediga esto, y muchos han alegado que no tendrá lugar ningún tipo de congregación ulterior del pueblo judío más allá de la que ya hemos visto a lo largo de la historia de la iglesia, pues el propio Pablo se presenta como ejemplo primario de esta congregación (Ro 11:1-2). Una vez más, es poco probable, pero posible que esta señal ya se haya cumplido.

g. Conclusión: A excepción de las espectaculares señales en los cielos, es poco probable pero posible que estas señales ya se hayan cumplido. Por otra parte, la única señal que parece ciertamente que no ha sucedido, el oscurecimiento del sol y la luna y la caída de las estrellas, podría ocurrir en el transcurso de unos pocos minutos, por eso parece apropiado decir que Cristo podría volver a cualquier hora del día o la noche. Es por lo tanto poco probable, pero ciertamente posible que Cristo regresara en cualquier momento.

¿Pero le hace justicia esta posición a las advertencias de que debemos estar preparados y que Cristo vendrá en el momento en que no lo esperemos? ¿Podemos estar *listos* para algo que pensamos es *poco probable* que ocurra en el futuro cercano? Ciertamente sí. Todo el que lleva un cinturón de seguridad cuando maneja, o compra un seguro de automóvil, se prepara para un evento que él o ella piensa que es poco probable[22].

---

[20]Sin embargo, Juan dice: «Así como ustedes oyeron que el anticristo vendría, muchos son los anticristos que han surgido ya» (1 Jn 2:18), y habla del «anticristo» que «ya está en el mundo» (1 Jn 4:3). Por lo tanto, aun si estos previos perseguidores de la iglesia no fueran *el anticristo*, muchos de ellos pueden haber sido perseguidores del último anticristo.

[21]Se podría argumentar que Pablo no quería que la iglesia de Tesalónica esperara que Cristo regresara en cualquier momento, pues les escribe que «no pierdan la cabeza ni se alarmen por ciertas profecías, ni por mensajes orales o escritos supuestamente nuestros, que digan: «¡Ya llegó el día del Señor!» (2 Ts 2:3). Entonces sigue diciendo: «No se dejen engañar de ninguna manera, porque primero tiene que llegar la rebelión contra Dios y manifestarse el hombre de maldad» (2 Ts 2:3). Alguien podría preguntar si Pablo no está razonando de esta manera: Saben que el hombre de maldad no ha aparecido todavía, por lo tanto, saben que Cristo no ha regresado todavía. Y Cristo no vendrá hasta que este hombre de maldad aparezca en escena.

Pero se debe notar que Pablo no les dice a los tesalonicenses que Cristo no podría venir en cualquier momento. Él no les dice que no estarán listos o que fracasarán a la hora de esperar el regreso de Cristo. Les dice simplemente que el regreso de Cristo *no ha ocurrido todavía*, lo cual es algo completamente diferente. Y la razón que ofrece no solo es el hecho que el hombre de maldad debe aparecer primero, sino también que cuando Cristo vuelva

derrotará a este hombre de maldad y lo destruirá: «Entonces se manifestará aquel malvado, *a quien el Señor Jesús derrocará con el soplo de su boca y destruirá con el esplendor de su venida*. La conclusión es que Cristo no ha venido, porque no ha llegado destruyendo al hombre de maldad. Pero ciertamente podría haber venido en cualquier momento, aun en el contexto de 2 Tesalonicenses, y destruido inmediatamente al emperador romano que reinaba en ese momento (pues los emperadores romanos alegaban regularmente ser dioses dignos de adoración, y el propio Juan dijo que «muchos son los anticristos que han surgido ya», 1 Jn 2:18).

[22]Le doy gracias a Dios porque he manejado durante treinta años sin ningún accidente mayor de automóvil, y oro y espero que no experimentaré ninguno, pero todavía me ajusto el cinturón de seguridad vez que entro al carro. Me preparo para un acontecimiento que pienso es poco probable, pero que sin embargo es posible. De manera similar, *pienso* que muchas señales tendrán que cumplirse de manera más notable, y que es poco probable que Cristo regrese en los próximos días o semanas. De hecho, escribo este libro, que no se publicará en muchos meses, bajo la suposición de que Cristo no habrá regresado para entonces. No obstante, frecuentemente examino mi corazón y mi vida para ver si hay algo de lo que me avergonzaría cuando Jesús regrese, porque quiero estar preparado para su regreso en cualquier momento, aun en el momento que no espero.

De forma similar parece posible tomar con seriedad las advertencias de que Jesús podría venir cuando no lo esperemos, y no obstante decir que las señales que preceden su venida probablemente tendrán lugar en el futuro.

Esta posición ofrece beneficios espirituales positivos mientras buscamos vivir una vida cristiana en medio de un mundo que cambia velozmente. En el flujo y reflujo de la historia mundial, vemos de tiempo en tiempo acontecimientos que *podrían ser* la materialización final de algunas de estas señales. Ocurren, y entonces se esfuman. Durante los días más negros de la Segunda Guerra Mundial, parecía muy posible que Hitler fuera el anticristo. En tiempos de persecución contra la iglesia, puede parecer más probable que los cristianos estén en medio de la gran tribulación. Cuando escuchamos de terremotos, hambrunas y guerras, nos preguntamos si el regreso de Cristo no estará cerca. Luego esos eventos se desvanecen y los líderes mundiales desaparecen de la escena, y la ola de eventos que llevan al fin de la era parece retroceder por un tiempo. Entonces una nueva ola de eventos irrumpe en la escena mundial, y de nuevo crecen nuestras expectativas del regreso de Cristo. Tras cada «ola» sucesiva de eventos, *no sabemos* cuál será la última. Y esto es bueno, pues Dios no intenta que lo sepamos. Quiere que continuemos anhelando el regreso de Cristo y esperando que ocurra en cualquier momento. Es espiritualmente insano decir que sabemos que estas señales *no han ocurrido*, y parece estirar los límites de una interpretación creíble decir que sabemos que estas señales han ocurrido. Pero parece encajar exactamente con el enfoque del Nuevo Testamento sobre el regreso de Cristo decir que *no sabemos* con certeza si estos eventos han ocurrido. Una exégesis responsable, estar a la espera de un regreso súbito de Cristo, y cierta medida de humildad en nuestro entendimiento, las tres cosas se preservan en esta posición.

Entonces, si Cristo regresa de pronto, no estaremos tentados a objetar que una u otra señal no ha ocurrido aún. Simplemente estaremos listos para darle la bienvenida cuando él aparezca. Y si todavía debe venir un gran sufrimiento, y si empezamos a ver una gran oposición al evangelio, un gran avivamiento entre el pueblo judío, un notable progreso en la predicación del evangelio a través del mundo, y aun señales espectaculares en los cielos, entonces no nos desalentaremos ni descorazonaremos, pues recordaremos las palabras de Jesús: «Cuando comiencen a suceder estas cosas, cobren ánimo y levanten la cabeza, porque se acerca su redención» (Lc 21:28).

PREGUNTAS PARA APLICACIÓN PERSONAL

1. Antes de leer el capítulo, ¿creía usted que Cristo podría regresar en cualquier momento? ¿Cómo afectaba eso su vida cristiana? ¿Ahora qué piensa usted? Si su punto de vista ha cambiado, ¿qué efecto tendrá en su propia vida?

2. ¿Por qué piensa que Jesús decidió dejar el mundo por un tiempo y entonces regresar, en lugar de quedarse en la tierra tras su resurrección y predicar él mismo el evangelio a través del mundo?

3. ¿Anhela ahora intensamente el regreso de Cristo? ¿Ha sentido en el pasado un anhelo mayor? Si no tiene un anhelo muy fuerte por el regreso de Cristo, ¿qué factores en su vida piensa que contribuyan a esa falta de añoranza?

4. ¿Alguna vez decidió no emprender un proyecto a largo plazo porque pensó que el regreso de Cristo estaba cerca? ¿En la actualidad duda a la hora de emprender proyectos a largo plazo a causa de esta razón? Si es así, ¿piensa que la vacilación tiene alguna consecuencia negativa en su vida?

5. ¿Está listo para el regreso de Cristo hoy? Si supiera que él va a volver en 24 horas, ¿qué relaciones o situaciones querría usted fortalecer antes de su regreso? ¿Piensa que el mandato de «estar listos» significa que usted debía intentar fortalecer esas cosas ahora, aun si piensa que es poco probable que él regrese hoy?

TÉRMINOS ESPECIALES

escatología
escatología general
inminente

parusía
escatología personal
Segunda Venida de Cristo

BIBLIOGRAFÍA

Archer, Gleason, Paul Feinberg, Douglas Moo, y Richard Reiter. *The Rapture: Pre-, Mid-, or Post-tribulational?* Zondervan, Grand Rapids, 1984.

Bauckham, Richard J. «Apocalyptic». En *NDT*, pp. 33-35.

Beechick, Allen. *The Pre-Tribulation Rupture*. Accent, Denver, 1980.

Berkouwer, G. C. *The Return of Christ*. Trad. Por James Van Oosterom. Ed. Por Marlin J. Van Elderen. Eerdmans, Grand Rapids, 1972.

Clouse, F. G. «Rapture of the Church». En *EDT*, pp. 908-10.

Dumbrell, William J. *The Search for Order: Biblical Eschatology in Focus*. Baker, Grand Rapids, 1992.

Erickson, Millard. *Contemporary Options in Eschatology*. Baker, Grand Rapids, 1977.

Gundry, R. H. *The Church and the Tribulation*. Baker, Grand Rapids, 1973.

Hoekema, Anthony A. *The Bible and the Future* Eerdmans, Grand Rapids, 1979, pp. 109-238.

Ladd, George Eldon. *The Blessed Hope*. Eerdmans, Grand Rapids, 1956.

Lightner, Robert P. *The Last Days Handbook: A Comprehensive Guide to Understanding the Different Views of Prophecy. Who Believes What About Prophecy and Why*. Thomas Nelson, Nashville, TN, 1990.

Rosenthal, Marvin. *The Pre-Wrath Rapture of the Church*. Thomas Nelson, Nashville, TN, 1990.

Travis, S. H. «Eschatology». En *NDT*, pp. 228-31.

VanGemeren, Willem. *The Progress of Redemption*. Zondervan, Grand Rapids, 1988.

Van Kampen, Robert. *The Sign*. Crossway, Wheaton, IL, 1992.

Vos, Geerhardus. *The Pauline Eschatology*. Eerdmans, Grand Rapids, 1961.

Walvoord, John F. *The Blessed Hope and the Tribulation*. Zondervan, Grand Rapids, 1976.

PASAJE BÍBLICO PARA MEMORIZAR

1 Tesalonicenses 4:15-18: *Conforme a lo dicho por el Señor, afirmamos que nosotros, los que estemos vivos y hayamos quedado hasta la venida del Señor, de ninguna manera nos adelantaremos a los que hayan muerto. El Señor mismo descenderá del cielo con voz de mando, con voz de arcángel y con trompeta de Dios, y los muertos en Cristo resucitarán primero. Luego los que estemos vivos, los que hayamos quedado, seremos arrebatados junto con ellos en las nubes para encontrarnos con el Señor en el aire. Y así estaremos con el Señor para siempre. Por lo tanto, anímense unos a otros con estas palabras.*

HIMNO

«Con las nubes viene Cristo»

Este canto vívidamente describe el acontecimiento del retorno de Cristo, con millones de creyentes viniendo con él y muchos más en la tierra dándole la bienvenida. Las «nubes» con las que Cristo viene, mencionadas en el primer verso de este himno, son las nubes de la gloria de Dios. El himno no titubea (en la tercera estrofa) al pintar brillantemente el estremecimiento de los cielos y la tierra y el hecho de que los no creyentes serán llamados a juicio. Termina con una estrofa dramática directamente dirigida a Jesús mismo, pidiéndole que vuelva pronto y reine.

> Con las nubes viene Cristo que una vez por nos murió,
> Santos miles cantan himnos a quien en la cruz triunfó.
> ¡Aleluya! ¡Aleluya! Cristo viene y reinará.
>
> Todos al gran Soberano le verán en majestad;
> Los que le crucificaron llorarán su indignidad,
> Y con llanto, y con llanto al Mesías mirarán.
>
> Las señales de su muerte en su cuerpo llevará;
> Y la Iglesia, ya triunfante, al Rey invicto aclamará,
> Y con gozo, y con gozo sus insignias mirará.
>
> Que te adoren todos, todos, digno Tú eres, oh Señor.
> En tu gloria y en justicia reinarás, oh Salvador.
> ¡Aleluya! ¡Aleluya! Para siempre reinarás.

AUTOR: CARLOS WESLEY, ES TRAD.
(TOMADO DE HIMNOS DE LA VIDA CRISTIANA, #81)

Capítulo 3

EL MILENIO

¿Qué es el milenio? ¿Cuándo debe ocurrir?
¿Pasarán los cristianos por la gran tribulación?

EXPLICACIÓN Y BASES BÍBLICAS

La palabra *milenio* significa «mil años» (del lat. *millenium*, «mil años»). El término viene de Apocalipsis 20:4-5, donde dice que ciertos individuos «volvieron a vivir y reinaron con Cristo *mil años*... Los demás muertos no volvieron a vivir hasta que se cumplieron los *mil años*«. Justo antes de esta afirmación, leemos que un ángel descendió del cielo y sujetó al diablo «y lo encadenó por *mil años*. Lo arrojó al abismo, lo encerró y tapó la salida para que no engañara más a las naciones, hasta que se cumplieran *los mil años*» (Ap 20:2-3).

A lo largo de la historia de la iglesia ha habido tres puntos de vista principales sobre el momento y la naturaleza de este «milenio».

A. Explicación de los tres puntos de vista principales

1. Amilenarismo. El primer punto de vista que se explica aquí, amilenarismo, es realmente simple. Se puede representar como en la figura 3.1: CRISTO

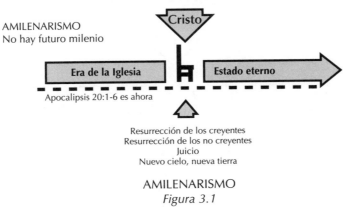

AMILENARISMO
Figura 3.1

De acuerdo con esta posición, el pasaje de Apocalipsis 20:1-10 describe la presente era de la iglesia. Esta es una era en la que la influencia de Satanás sobre las naciones ha sido reducida bastante de manera que se pudiera predicar el evangelio en todo el mundo . Aquellos que se dice que reinaban con Cristo durante los mil años son cristianos que han muerto y ya reinan con Cristo en el cielo. Cristo reina en el milenio, de acuerdo con este punto de vista, no es un reino corporal aquí sobre la tierra, sino el reino celestial del cual habló cuando dijo: «Se me ha dado autoridad en el cielo y en la tierra» (Mt 28:18).

Este punto de vista se llama «amilenario» porque mantiene que no hay futuro milenio por venir. Como los amilenaristas creen que Apocalipsis 20 se cumple ahora en la era de la iglesia, sostienen que el «milenio» que se describe ahí tiene lugar actualmente. La duración exacta de la era de la iglesia no puede conocerse, y la expresión «mil años» es simplemente una expresión por un largo período de tiempo en el que se cumplirán los propósitos perfectos de Dios.

De acuerdo con esta posición, la presente era de la iglesia continuará hasta el momento del regreso de Cristo. Cuando Cristo vuelva, habrá una resurrección tanto de creyentes como de incrédulos. Se levantarán los cuerpos de los creyentes para que se reúnan con sus espíritus y entren al pleno gozo del cielo para siempre. Se levantará a los incrédulos para enfrentar el juicio final y la eterna condenación. Los creyentes también se levantarán ante el trono del juicio de Cristo (2 Co 5:10), pero este juicio solo determinará grados de recompensa en el cielo, porque solo los incrédulos serán condenados eternamente. En este momento también comenzarán los nuevos cielos y la nueva tierra. Inmediatamente después del juicio final, comenzará el estado de eternidad y continuará para siempre.

Este esquema es bastante simple, todo lo del final de los tiempos ocurre de una vez, inmediatamente después del regreso de Cristo. Algunos amilienalistas dicen que Cristo podría regresar en cualquier momento, mientras otros (tales como Berkhof) argumentan que todavía deben cumplirse ciertas señales.

2. Posmilenarismo. El prefijo pos significa «después». De acuerdo con este punto de vista, Cristo regresará *después* del milenio. El punto de vista posmilenario se puede representar como en la figura 3.2.

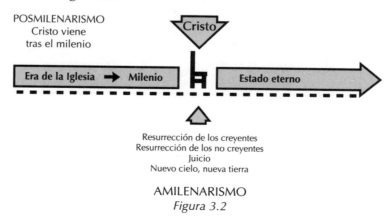

AMILENARISMO
Figura 3.2

De acuerdo con este punto de vista, el progreso del evangelio y el crecimiento de la iglesia se incrementarán gradualmente, de manera que una proporción cada vez mayor de la población mundial será cristiana. Como resultado, habrá una influencia cristiana significativa sobre la sociedad, la sociedad funcionará cada vez más de acuerdo con las normas de Dios, y sobrevendrá gradualmente una «era milenaria» de paz y justicia sobre la tierra. Este «milenio» durará un largo período de tiempo (no necesariamente unos mil años literales), y por último, *al final de este período, Cristo regresará a la tierra*, se levantará a los creyentes y a los incrédulos, tendrá lugar el juicio final, y habrá un nuevo cielo y una nueva tierra. Entonces entraremos en el estado de eternidad.

La principal característica del posmilenarismo es su optimismo sobre el poder del evangelio para cambiar vidas y causar mucho bien en el mundo. La creencia en el posmilenarismo tiende a incrementarse en tiempos en que la iglesia experimenta un gran avivamiento, cuando no hay guerra ni conflictos internacionales, y cuando parece que se hacen grandes progresos en vencer el mal y el sufrimiento en el mundo. Pero el posmilenarismo en su forma más responsable no se basa simplemente en la observación de los eventos en el mundo que nos rodea, sino en argumentos tomados de varios pasajes de la Escritura, los que se examinarán abajo.

3. Premilenarismo.

a. Premilenarismo clásico o histórico: El prefijo «pre» significa «antes», y la posición «premilenaria» dice que Cristo regresará *antes* del milenio[1]. Este punto de vista tiene una larga historia desde los primeros siglos en adelante. Se puede ilustrar con la figura 3.3.

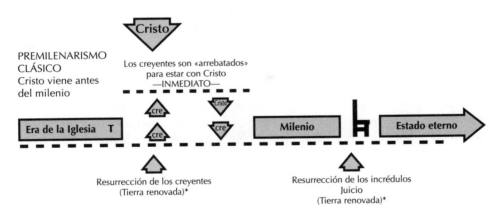

PREMILENARISMO CLÁSICO
Cristo viene antes del milenio

Los creyentes son «arrebatados» para estar con Cristo
—INMEDIATO—

Cristo

cre

Cristo

cre

Era de la Iglesia   T

cre

cre

Milenio

Estado eterno

Resurrección de los creyentes
(Tierra renovada)*

Resurrección de los incrédulos
Juicio
(Tierra renovada)*

*El premilenarismo clásico difiere sobre si la tierra renovada comenzará en el milenio o en el estado de eternidad.

PREMILENARISMO HISTÓRICO O CLÁSICO
Figura 3.3

[1]Otra denominación que a veces se usa para referirse al premilenarismo es *quilianismo*, de la palabra griega *quilioi*, «mil». Este término se halla más a menudo en la literatura más antigua y rara vez se utiliza hoy.

Según esta opinión, la era de la iglesia actual continuará hasta que, al acercarse el fin, un tiempo de gran tribulación y sufrimiento sobrevenga sobre la tierra (La T en la figura de arriba simboliza tribulación)[2]. Tras ese tiempo de tribulación *al final de la era de la iglesia, Cristo regresará a la tierra para establecer un reino milenario.* Cuando él vuelva, los creyentes que hayan muerto se levantarán de los muertos, sus cuerpos se reunirán con sus espíritus, y *reinarán con Cristo sobre la tierra durante mil años.* (Algunos premilenaristas interpretan esto como mil años literales, y otros lo consideran una expresión simbólica para un largo período de tiempo). Durante este tiempo, Cristo estará físicamente presente sobre la tierra en su cuerpo resucitado, y gobernará como Rey sobre la tierra entera. Los creyentes que se hayan levantado de los muertos, y aquellos que estén en la tierra al regreso de Cristo, recibirán cuerpos de resurrección glorificados que nunca morirán, y en estos cuerpos resucitados vivirán sobre la tierra y reinarán con Cristo. De los incrédulos que permanecen sobre la tierra, muchos (pero no todos) se volverán a Cristo y se salvarán. Jesús reinará en perfecta justicia y habrá paz en toda la tierra. Muchos premilenaristas sostienen que la tierra será restaurada y que de hecho veremos nuevos cielos y una nueva tierra en este momento (pero no es esencial para el premilenarismo atenerse a esto, porque se puede ser premilenario y sostener que los nuevos cielos y la nueva tierra no ocurrirán hasta después del juicio final). Al comienzo de este tiempo Satanás será encadenado y lanzado al abismo de manera que no tendrá influencia sobre la tierra durante el milenio (Ap 20:1-3).

De acuerdo con el punto de vista premilenario, al final de los mil años Satanás será liberado del abismo y aunará fuerzas con muchos incrédulos que se han sometido formalmente al reinado de Cristo, pero que internamente han estado enfurecidos en rebelión contra él. Satanás reunirá esta gente rebelde para luchar contra Cristo, pero ellos serán decisivamente derrotados. Entonces Cristo levantará de los muertos a todos los creyentes que han muerto a través de la historia, y estos se presentarán ante él para el juicio final. Después que haya ocurrido el juicio final, los creyentes entrarán en el estado de eternidad.

Parece que el premilenarismo ha tendido a incrementar su popularidad cuando la iglesia ha experimentado persecución, y cuando el mal y el sufrimiento han crecido en la tierra. Pero, como en el caso del posmilenarismo, los argumentos de la posición premilenaria no se basan en la observación de los acontecimientos presentes, sino en pasajes específicos de la Escritura, especialmente (pero no exclusivamente) en Apocalipsis 20:1-10.

b. Premilenarismo pretribulacionista (o premilenarismo dispensacional): Otra variedad de premilenarismo ha ganado amplia popularidad en los siglos diecinueve y veinte, particularmente en el Reino Unido y en los Estados Unidos. De acuerdo con esta posición, Cristo volverá no solo antes del milenio (el regreso de Cristo es *pre*milenario), sino también ocurrirá *antes* de la gran tribulación (el regreso de Cristo es *pre*tribulacionalista). Esta posición es similar a la posición milenaria clásica mencionada arriba, pero con una

---

[2]Un tipo alternativo de premilenarismo sostiene que Cristo regresará *antes* que el período de la gran tribulación comience sobre la tierra. Examinaremos la forma alternativa del premilenarismo más adelante.

diferencia importante: añadirá otro regreso de Cristo antes de su regreso para reinar sobre la tierra en el milenio. Este regreso de Cristo se piensa que será en secreto para sacar a los creyentes del mundo[3]. El punto de vista del premilenarismo pretribulacionalista se puede presentar como en la figura 3.4.

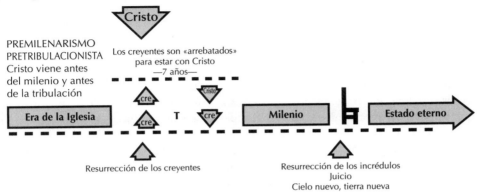

PREMILENARISMO PRETRIBULACIONISTA
Figura 3.4

Según este punto de vista, la era de la iglesia continuará hasta que, *súbita, inesperada y secretamente, Cristo regresará a medio camino de la tierra, y entonces llamará a los creyentes hacia sí mismo*: «Los muertos en Cristo resucitarán primero. Luego los que estemos vivos, los que hayamos quedado, seremos arrebatados junto con ellos en las nubes para encontrarnos con el Señor en el aire» (1 Ts 4:16-17). *Entonces Cristo regresará al cielo con los creyentes que han sido arrebatados de la tierra. Cuando esto ocurra, habrá una gran tribulación sobre la tierra durante un período de siete años*[4].

Durante este período de siete años de tribulación, muchas de las señales que se predijo que precederían el regreso de Cristo se cumplirán[5]. La gran congregación de todo el pueblo judío tendrá lugar, al confiar en Cristo como su Mesías. En medio del gran sufrimiento también habrá mucha evangelización efectiva, llevada a cabo especialmente por los nuevos judíos cristianos. Y *al final de la tribulación, Cristo volverá con sus santos para reinar sobre la tierra durante mil años*. Tras este período milenario habrá una rebelión, que llevará a la derrota final de Satanás y de sus fuerzas, y entonces vendrá la resurrección de los incrédulos, el juicio final y el comienzo del estado de eternidad.

Una característica adicional del premilenarismo pretribulacionalista debe mencionarse: Este punto de vista se encuentra casi exclusivamente entre los dispensacionalistas que desean mantener una clara distinción entre la Iglesia e Israel. Este punto de vista

---

[3]A veces a esta venida secreta de Cristo para los creyentes se le llama «rapto», de la palabra latina *rapio*, que significa «tomar, arrebatar, llevarse».

[4]Algunos intérpretes sostienen una variante de este punto de vista, tal como que Cristo regresa a mediados de la tribulación y rescata a los creyentes. Después de eso, habrá tres y medio años adicionales de tribulación sobre la tierra. A esto se le llama el punto de vista del «rapto midtribulacional».

Para una discusión ulterior de este punto de vista, ver Gleason Archer, «The Case for the Mid-Seventh-Week Rapture Position», en Gleason Archer, Paul Feinberg, Douglas Moo, and Richard Reiter, *The Rapture: Pre-, Mid-, or Post-Tribulational?* (Grand Rapids: Zondervan, 1984), pp.113-45.

[5]Vea en el capítulo 2, sección f.2, una discusión de las señales que precederán el regreso de Cristo.

pretribulacionalista permite que la distinción se mantenga, pues la iglesia se saca del mundo antes de la conversión generalizada del pueblo judío. Por consiguiente, este pueblo judío se mantiene como un grupo distinto de la iglesia. Otra característica del premilenarismo pretribulacionalista es su insistencia en interpretar las profecías «literalmente donde sea posible». Esto se aplica especialmente a las profecías del Antiguo Testamento concernientes a Israel. Aquellos que sostienen este punto de vista argumentan que esas profecías de la futura bendición a Israel todavía se cumplirán entre el propio pueblo judío; no deben ser «espiritualizadas» buscando su cumplimiento en la iglesia. Por último, un rasgo atractivo del premilenarismo pretribulacionalista es que este insiste en que el regreso de Cristo podría ocurrir «en cualquier momento» y, por consiguiente, hace justicia a toda la fuerza del pasaje que nos alienta a estar listos para el regreso de Cristo, mientras que permite un cumplimiento muy literal de las señales que precederán el regreso de Cristo, pues dice que ellas tendrán lugar en la tribulación.

Antes de examinar los argumentos a favor de estas tres (o cuatro) posiciones, es importante darse cuenta que la interpretación de los detalles de los pasajes proféticos relativos a eventos futuros a menudo es una tarea compleja y difícil que encierra muchas variables. Por lo tanto. el grado de certidumbre que se atribuye a nuestras conclusiones en esta área será menor que el de muchas otras doctrinas. Aunque defienda una posición (el premilenarismo clásico), pienso que también es importante que los evangélicos reconozcan que esta área de estudio es compleja y sean condescendientes con otros que sostienen diferentes puntos de vista sobre el milenio y el período de la tribulación.

B. Una consideración de los argumentos a favor del amilenarismo

En favor del punto de vista amilenario se proponen estos argumentos:

1. Los amilenaristas dirán que cuando revisamos toda la Biblia *solo un pasaje* (Ap 20:1-6) parece enseñar un futuro gobierno milenario de Cristo sobre la tierra, y ese pasaje es oscuro en sí mismo. Es poco juicioso basar una doctrina principal como esa sobre un pasaje de interpretación ambigua y ampliamente disputada.

Pero ¿cómo entienden los amilenaristas Apocalipsis 20:1-6? La interpretación amilenaria ve este pasaje como que se refiere a la presente era de la iglesia. El pasaje se lee como sigue:

> Vi además a un ángel que bajaba del cielo con la llave del abismo y una gran cadena en la mano. Sujetó al dragón, y a aquella serpiente antigua que es el diablo y Satanás, *y lo encadenó por mil años*. Lo arrojó al abismo, lo encerró y tapó la salida para que no engañara más a las naciones, hasta que se cumplieran los mil años. Después habrá de ser soltado por algún tiempo. Entonces vi tronos donde se sentaron los que recibieron autoridad para juzgar.
>
> Vi también las almas de los que habían sido decapitados por causa del testimonio de Jesús y por la palabra de Dios. No habían adorado a la bestia ni a su imagen, ni se habían dejado poner su marca en la frente ni en la mano. *Volvieron a vivir y reinaron con Cristo mil años. Esta es la primera resurrección; los demás muertos no* volvieron a vivir hasta que se cumplieron los mil años. Dichosos y santos los que tienen parte en la primera resurrección. La segunda muerte no tiene poder

sobre ellos, sino que serán sacerdotes de Dios y de Cristo, *y reinarán con él mil años.*

Según la interpretación amilenaria[6], el encadenamiento de Satanás en los versículos 1-2 es el que ocurre durante el ministerio terrenal de Jesús. Este habló de atar al hombre fuerte para poder robar su casa (Mt 12:29) y dijo que el Espíritu de Dios estaba en ese momento presente para triunfar sobre las fuerzas demoníacas: «Si expulso a los demonios por medio del Espíritu de Dios, eso significa que el reino de Dios ha llegado a ustedes» (Mt 12:28). De manera similar, con respecto a la quiebra del poder de Satanás, Jesús dijo durante su ministerio: «Yo veía a Satanás caer del cielo como un rayo» (Lc 10:18).

Los amilenaristas argumentan que este encadenamiento de Satanás en Apocalipsis 20:1-3 tiene un propósito específico: *«para que no engañara más a las naciones»* (v. 3). Esto es exactamente lo que sucedió cuando vino Jesús y el evangelio comenzó a ser proclamado no solamente a los judíos sino, después del Pentecostés, a todas las naciones del mundo. De hecho, la actividad misionera mundial de la iglesia, y la presencia de la iglesia en la mayoría o todas las naciones del mundo, muestra que el poder que tenía Satanás en el Antiguo Testamentopara «engañar a las naciones» y mantenerlas en la oscuridad, ha sido quebrado.

Según el punto de vista amilenario la escena descrita en el versículo 4 ocurre en el cielo: Juan dijo: «Vi también las almas de los que habían sido decapitados por causa del testimonio de Jesús…Volvieron a vivir y reinaron con Cristo mil años» (v. 4). Se argumenta que como Juan ve almas y no cuerpos físicos, esta escena debe ocurrir en el cielo. Cuando el texto dice que «Volvieron a vivir» ello no significa que recibieron una resurrección corporal. Posiblemente signifique simplemente que «vivieron», pues el aoristo del verbo *ezesan* puede fácilmente interpretarse como un evento que ocurrió durante un largo período de tiempo. (El verbo que se traduce «reinaron» también es un indicativo de aoristo y se refiere a algo que ocurrió durante más de mil años, de manera que el verbo «vivieron» debe tener un significado similar). Por otro lado, algunos intérpretes amilenaristas dirán que el verbo *ezesan* significa «volvieron a vivir» en el sentido de llegar a una existencia celestial en la presencia de Cristo y comenzar a reinar con él desde el cielo.

De acuerdo con este punto de vista, la frase «primera resurrección» (v. 5) se refiere a ir al cielo a estar con el Señor. Esta no es una resurrección corporal, sino un arribar a la presencia de Dios en el cielo. De manera similar, cuando en el versículo 5 dice: «los demás muertos *no volvieron a vivir* hasta que se cumplieron los mil años», se entiende que esto significa que no vinieron ante la presencia de Dios para juicio hasta el final de los mil años. De manera que en ambos versículos, 4 y 5, la frase «volver a vivir» significa «venir a la presencia de Dios». (Otro punto de vista amilenario de la «primera resurrección» es que esta se refiere a la resurrección de Cristo, y a la participación de los creyentes en la resurrección de Cristo a través de una unión con Cristo).

2. Un segundo argumento que se propone a menudo a favor del amilenarismo es el hecho que la Escritura enseña solo *una resurrección*, cuando se levantará tanto a los

---

[6]Aquí sigo mayormente la excelente discusión de Anthony a Hoekema, «Amilenarismo», en *The Meaning of the Millennium: Four Views*, edit. Robert G. Clouse (InterVarsity Press, Downers Grove, IL, 1977), pp. 155-87.

creyentes como a los incrédulos, no dos resurrecciones (una resurrección de los creyentes antes que comience el milenio, y una resurrección de los incrédulos para el juicio después del fin del milenio). Este es un argumento importante, pues el punto de vista premilenario requiere dos resurrecciones separadas, separadas por mil años.

Una prueba a favor de una sola resurrección se encuentra en por lo menos tres pasajes. Jesús dice: «No se asombren de esto, *porque viene la hora en que todos los que están en los sepulcros oirán su voz, y saldrán de allí.* Los que han hecho el bien resucitarán para tener vida, pero los que han practicado el mal resucitarán para ser juzgados» (Jn 5:28-29). Aquí Jesús habla de una sola «hora» cuando tanto los creyentes como los incrédulos muertos saldrán de las tumbas. De manera similar, cuando Pablo compareció ante Félix en juicio explica que él tiene una esperanza en Dios que sus acusadores judíos también aceptan: «que *habrá una resurrección de los justos y los impíos*» (Hch 24:15). Una vez más, él habla de una sola resurrección tanto de creyentes como de incrédulos. Por último, leemos en Daniel: «Y del polvo de la tierra se levantarán las multitudes de los que duermen, algunos de ellos para vivir por siempre, pero otros para quedar en la vergüenza y en la confusión perpetuas» (Dn 12:2).

3. *La idea de creyentes glorificados y pecadores viviendo juntos sobre la tierra es demasiado difícil de aceptar.* Berkhof dice: «Es imposible comprender cómo una parte de la vieja tierra y de una humanidad pecadora va a poder existir junto a una parte de la nueva tierra y de una humanidad glorificada. ¿Cómo van a poder los santos perfectos en cuerpos glorificados tener comunión con pecadores en la carne? ¿Cómo van a poder pecadores glorificados vivir en esta atmósfera recargada de pecado y en medio de escenas de muerte y decadencia?»[7].

4. *¿Si Cristo viene en gloria a reinar sobre la tierra, cómo van a poder las personas persistir en el pecado?* Una vez que Jesús esté de hecho presente en su cuerpo resucitado y gobernando como Rey sobre la tierra, no parece muy poco probable que la gente todavía lo rechace, y que el mal y la rebelión crezcan sobre la tierra hasta que eventualmente Satanás pueda reunir a las naciones para luchar contra Cristo?[8].

5. No parece existir un *propósito* convincente para un milenio como ese. Una vez que la era de la iglesia haya terminado y Cristo haya regresado, entonces ¿cuál es la razón para demorar el comienzo del estado de eternidad.

6. En conclusión, los amilenaristas dicen que la Escritura parece indicar que *todos los grandes eventos aun por venir* antes del estado de eternidad ocurrirán de una vez. Cristo regresará, habrá una resurrección de creyentes e incrédulos, el juicio final tendrá lugar, y se establecerá un nuevo cielo y una nueva tierra. Entonces entraremos inmediatamente en el estado de eternidad, sin ningún futuro milenio[9].

---

[7]Berkhof, *Systematic Theology*, p. 715.

[8]En Arthur H. Lewis *The Dark Side of the Millennium* (Grand Rapids: Baker, 1980) se desarrolla especialmente este argumento.

[9]Como creen que Apocalipsis 20:1-6 se aplica a la era presente, los amilenaristas dicen a veces que los «Premilenialistas *esperan* el milenio, los posmilenialistas *trabajan* por él, pero nosotros *lo disfrutamos*».

Se debe notar que a algunos amilenaristas les desagrada el término *amilenario* porque implica que ellos no creen en ningún milenio, cuando es más exacto decir que no creen en un milenio *futuro*. Ellos prefieren un término más positivo como «milenarismo realizado», que les permite más fácilmente señalar que sí creen en el reinado milenario de Cristo que se enseña en Apocalipsis 20:1-6; sin embargo, ellos creen que el pasaje habla de la era presente de la iglesia. Vea Jay Adams, *The Time Is at Hand* (Presbyterian and Reformed, Phillipsburg, N.J.:1970], pp. 7-11).

En este punto podemos responder brevemente a estos argumentos amilenaristas, aunque en algunos otros se desarrollará una respuesta más completa en los argumentos del premilenarismo.

1. En respuesta a la objeción de que solo un pasaje habla de un futuro milenio terrenal, se pueden hacer varios comentarios:

a. La Biblia solo necesita decir algo una vez a fin de que esto sea verdadero y algo en lo que debemos creer. La historia de la confusión de las lenguas en la torre de Babel, por ejemplo, solo se dice en Génesis 11:1-9, pero creemos que ella es verdad porque la Escritura la enseña. De manera similar, si solo un pasaje habla de un futuro reino milenario de Cristo, debemos creerlo.

Además, no sorprende que esta doctrina deba enseñarse con claridad en el libro de Apocalipsis. Hubo en parte una situación similar a fines de la era del Antiguo Testamento. En todo el Antiguo Testamento no hay una enseñanza explícita que asuma que el Mesías vendría dos veces, una como Mesías sufriente que moriría y se levantaría de nuevo, ganando nuestra salvación, y entonces más tarde como un Rey conquistador para gobernar sobre la tierra. La primera y Segunda Venida de Cristo puede que se sugiera en los profetas del Antiguo Testamento, pero no se enseña explícitamente en ningún lugar, porque Dios no estimó necesario revelar esa cantidad de detalles sobre su plan de redención antes de que ello ocurriera. De manera similar, en varios de los libros del Antiguo y el Nuevo Testamentos que conducen al tiempo en que se escribió el Apocalipsis, hay *alusiones* a un futuro milenio terrenal anterior al estado de eternidad, pero la enseñanza explícita sobre él se dejó hasta que Juan escribió el Apocalipsis. Como el Apocalipsis es el libro del Nuevo Testamento que enseña de manera más explícita sobre las cosas por venir, es apropiado que esta revelación más explícita del futuro milenio se coloque en este lugar de la Biblia.

b. En respuesta a la alegación de que el pasaje que habla del milenio es oscuro, los premilenaristas responden que ellos no lo encuentran en absoluto oscuro. Aducen que una ventaja de la posición premilenaria es que interpreta Apocalipsis 20:1-6 en sentido estricto: El texto dice que Satanás será encadenado y lanzado al abismo por mil años, y los premilenaristas dicen que viene un tiempo cuando Satanás será encadenado y lanzado al abismo por mil años. El texto habla de un reinado de Cristo de mil años, y los premilenaristas esperan un futuro reinado de Cristo sobre la tierra de mil años. Este habla de aquellos que se levantan en la «primera resurrección», y los premilenaristas dicen que habrá una primera resurrección de creyentes que son «dichosos y santos» (Ap 20:6) y de una segunda resurrección al final de los mil años para «los demás muertos» (v. 5). De acuerdo con los premilenaristas, la «oscuridad» solo se cierne sobre el pasaje cuando un intérprete trata de encontrar en él algo distinto a esa interpretación estricta.

c. Por último, muchos premilenaristas arguyen que otros pasajes, especialmente en el Antiguo Testamento, requieren que creamos en un período futuro mucho más prolongado que la era presente pero eso no llega al estado de eternidad (vea Sal 72:8-14; Is 11:2-9; 65:20; Zac 14:6-21: 1 Co 15:24, Ap 2:27; 12:5; 19:15)[10]. Estos pasajes, dicen ellos, describen un período que se parece mucho al milenio según lo entienden.

---

[10]Vea más adelante, sección D, una discusión de estos pasajes.

d. Con respecto a la interpretación de Apocalipsis 20:1-6, tal como la ofrecen los amilenaristas, se presentan varias dificultades. Aunque Mateo 12:28-29 y Lucas 10:18 sí hablan de un «encadenamiento» de Satanás durante el ministerio terrenal de Jesús, el encadenamiento de Satanás descrito en Apocalipsis 20 parece ser mucho más prolongado que eso. El pasaje no dice simplemente que se encadena a Satanás en este momento, sino habla del «abismo» y dice que el ángel que bajó del cielo *lo arrojó al abismo, lo encerró y tapó la salida*, para que no engañara más a las naciones hasta que se cumplieran los mil años» (Ap 20:2-3). Aquí se observa más que un mero encadenamiento o una restricción de actividad. Lo que se dice de lanzar a Satanás a un abismo, encerrarlo y tapar la salida ofrece una imagen de total remoción de su influencia sobre la tierra. Decir que Satanás está ahora en un abismo cerrado y sellado simplemente no se ajusta a la actual situación del mundo durante la era de la iglesia, en la que la actividad de Satanás es muy fuerte, en la que él «ronda como león rugiente, buscando a quién devorar» (1 P 5:8), en la que puede llenar el corazón de alguien para mentirle «al Espíritu Santo» (Hch 5:3), y en la que los paganos ofrecen sacrificios a «los demonios, no a Dios» (1 Co 10:20).

Por otra parte, aun tras el encadenamiento de Satanás durante el ministerio de Jesús, sigue siendo verdad que «el dios de este siglo cegó el entendimiento de los incrédulos, para que no les resplandezca la luz del evangelio de la gloria de Cristo» (2 Co 4:4). Por esto los cristianos todavía deben luchar no «contra seres humanos, sino contra poderes, contra autoridades, contra potestades que dominan este mundo de tinieblas, contra fuerzas espirituales malignas en las regiones celestiales» (Ef 6:12). Esto es porque durante la era de la iglesia, aunque el evangelio es capaz de salir triunfante y quebrar las fuerzas de la oposición demoníaca a la expansión del reino de Dios, no obstante la influencia de Satanás no ha sido por completo removida del mundo: «El espíritu del anticristo… ahora ya está en el mundo»(1 Jn 4:3), y, de hecho: «Sabemos que somos hijos de Dios, y que el mundo entero está bajo el control del maligno» (1 Jn 5:19). Este tema que se repite en el Nuevo Testamento, el tema de la continua actividad de Satanás sobre la tierra a lo largo de la era de la iglesia, hace extremadamente difícil pensar que Satanás ha sido arrojado al abismo, y que ha sido encerrado y se le tapó la salida durante mil años. Esas imágenes solo pueden referirse a una total remoción de la activa influencia de Satanás sobre la tierra.

Pero qué puede decirse respecto al hecho de que los amilenaristas dicen que el encadenamiento de Satanás en Apocalipsis 20 se dice que es «para que *no engañara más a las naciones*» (v. 3). ¿No significa eso simplemente que el evangelio puede ahora predicarse efectivamente entre las naciones? Mientras la frase puede significar eso, parece más consistente con el uso de la palabra *engañar* (gr. planao), especialmente en Apocalipsis, decir que es un *engaño que tiene lugar ahora durante toda la era de la iglesia* y que termina solo cuando comience el milenio. A Satanás se le llama el que «engaña al mundo entero» (Ap 12:9), y se dice que las hechicerías de Babilonia han engañado «a todas las naciones» (Ap 18:23)[11]. Por lo tanto, es más apropiado decir que Satanás todavía *ahora* engaña a las naciones, pero que al principio del milenio esta influencia engañosa será eliminada. Hubo un engaño aun mayor antes que Cristo viniera, pero todavía se mantiene un engaño significativo.

---

[11]Estos dos pasajes utilizan el mismo término *planao*. El mismo verbo se usa en Mateo 24:4, 5, 11 y 24 al hablar de las advertencias de Jesús en relación con que muchos serán engañados o descarriados por falsos Cristos y falsos profetas.

El hecho de que Juan viera «almas» en su visión no requiere situar la escena en el cielo. Como estas almas son personas que «han vuelto a vivir» en «la primera resurrección» debemos verlas como *gente* que ha recibido cuerpos resucitados y que comenzó a reinar sobre la tierra. Por otra parte, Apocalipsis 20:1 indica que la escena se centra en acontecimientos sobre la tierra, pues dice: «Vi además un ángel *que bajaba del cielo*. Pero si el ángel bajaba del cielo, entonces llevaba a cabo su actividad sobre la tierra, y la escena entera se sitúa sobre la tierra.

Algunos amilenaristas argumentan que la frase «volvieron a vivir» se refiere a una venidera existencia celestial o a venir ante la presencia de Dios. Pero se debe preguntar: «¿Tiene el término griego *zao* («vivir») alguna vez ese significado? No hay ejemplos de esa palabra en el Nuevo Testamento que signifique «venir ante la presencia de Dios».

Además, la interpretación amilenaria de la frase «primera resurrección» no es convincente. La palabra *resurrección* (gr. *Anastasio*) nunca significa en parte alguna «ir al cielo» o «ir a la presencia de Dios», sino más bien una resurrección corporal. Este es el sentido en el que los lectores del primer siglo habrían entendido la palabra. El otro punto de vista amilenario, que entiende «primera resurrección» como la resurrección de Cristo (y nuestra unión con él) no parece probable porque aquellos que «volvieron a vivir» son los que fueron «decapitados por causa del testimonio de Jesús» (v. 4), lo que sugiere una resurrección corporal después de la muerte[12].

2. ¿Enseña la Escritura solo *una* resurrección, de manera que se levanten al mismo tiempo los creyentes y los incrédulos? Es difícil aceptar esto cuando nos damos cuenta que Apocalipsis 20 habla explícitamente sobre «la *primera* resurrección», lo que implica que también habrá una segunda resurrección. Hablando de aquellos que volvieron a vivir y reinaron con Cristo mil años, leemos: «Esta es la primera resurrección. Bienaventurado y santo el que tiene parte en la primera resurrección; la segunda muerte no tiene potestad sobre éstos» (vv. 5-6). El pasaje distingue a aquellos que tienen parte en esta primera resurrección y son bienaventurados de los otros que no tienen parte en ella. Estos son «los demás muertos» y la implicación es que «la segunda muerte» (esto es, enfrentar el juicio final y ser condenados al eterno castigo lejos de la presencia de Dios) tiene potestad sobre ellos, y la experimentarán. Pero si este pasaje habla claramente de una primera resurrección, más el hecho de que los demás muertos volverán a vivir al final de los mil años, entonces hay una clara enseñanza aquí, en Apocalipsis 20, sobre dos resurrecciones separadas.

En cuanto a los otros pasajes que los amilenaristas alegan que apoyan el punto de vista de que hay solo una resurrección, debe decirse que esos pasajes no excluyen la idea de dos resurrecciones, sino que no especifican si las resurrecciones de los creyentes y los incrédulos estarán separadas en el tiempo. De hecho, la declaración de Jesús en Juan 5 apunta a la posibilidad de dos resurrecciones. Él dice que todos los que están en los sepulcros saldrán, «los que han hecho bien *resucitarán para tener vida*, pero los que han

---

[12]Otras razones para rechazar esta interpretación son (1) «Los demás muertos» se dice que «vuelven a vivir» después que terminen los mil años (v. 5) —una referencia a la resurrección corporal de los incrédulos— pero esto implica que la frase «volvieron a vivir» se refiere a una resurrección corporal en ambos casos, no solo a la unión espiritual con Cristo en su resurrección»; y (2) cuando el texto dice: «Esta es la primera resurrección» (v. 5), el más evidente antecedente en el contexto es la vuelta a la vida de los creyentes en el v. 4, pero no tiene lugar una mención de la resurrección de Cristo en el contexto.

practicado el mal *resucitarán para ser juzgados*» (Jn 5:28-29). De esta manera Jesús habla de hecho de dos resurrecciones diferentes[13].

En cuanto a Daniel 12:2, lo que dice es que los que duermen en el polvo de la tierra despertarán, «algunos de ellos para vivir por siempre, pero otros para quedar en la vergüenza y en la confusión perpetua», pero no especifica si esto ocurrirá simultáneamente o en momentos diferentes. Simplemente dice que los dos tipos de individuos se levantarán. Lo mismo es cierto para Hechos 24:15, donde Pablo dice que habrá «una resurrección de los justos y de los injustos». Esto afirma que ambos tipos de personas se levantarán de los muertos, pero no excluye la posibilidad que ello ocurra en diferentes momentos. Todos estos versículos, al margen de Apocalipsis 20:5-6, puede que hablen o no de un solo tiempo futuro de resurrección. Pero con la explícita enseñanza de Apocalipsis 20:5-6 sobre dos resurrecciones, estos versículos deben entenderse como que se refieren a la certidumbre futura de una resurrección para cada tipo de persona, sin especificar que esas resurrecciones estarán separadas en tiempo.

3. La idea de creyentes glorificados y pecadores viviendo juntos sobre la tierra durante el milenio nos suena extraña ahora, pero ciertamente no es imposible para Dios llevar esto a cabo. Debemos comprender que Jesús vivió sobre la tierra con un cuerpo glorificado cuarenta días después de su resurrección, y aparentemente hubo muchos otros santos del Antiguo Testamento que también vivieron con cuerpos glorificados sobre la tierra durante ese tiempo (Mt 27:53) Será por cierto un tipo de situación mundial muy diferente y mucho más glorificadora para Dios que el mundo que existe ahora, pero no parece que estemos justificados para afirmar que Dios no podría o no daría lugar a ese estado de cosas. Ciertamente *podría* hacerlo, y varios pasajes parecen indicar que él también tiene la buena intención y el propósito de hacerlo.

4. No es ciertamente imposible que una secreta y malvada rebelión pueda persistir sobre la tierra pese a la presencia corporal de Cristo gobernando como Rey. Debemos recordar que Judas vivió con Jesús en una estrecha relación durante tres años, y aun lo traicionó. Por otro lado, muchos fariseos *vieron* los milagros de Jesús, y hasta lo vieron levantar a gente de los muertos, y todavía no creían. De hecho, aun cuando los discípulos estuvieron en la presencia del Señor Jesús glorificado, leemos que «algunos dudaban» (Mt 28:17). Esa persistente incredulidad en la mera presencia de Cristo es difícil de comprender, pero tenemos que recordar que el propio Satanás cayó desde una posición exaltada en la presencia de Dios en el cielo.

Cuando los amilenaristas objetan que las personas no podrían persistir en el pecado en la presencia del reinado corporal de Cristo sobre la tierra, su posición no tiene en

---

[13]El hecho de que Jesús dice en este contexto, «viene la hora en que todos los que están en los sepulcros oirán su voz», no requiere que ambas resurrecciones ocurran al mismo tiempo, pues la palabra *hora* en otros lugares del Evangelio de Juan se puede referir a un largo período de tiempo; en solo tres versículos previos, Jesús dice: «Ciertamente les aseguro que ya viene la hora, y ha llegado ya, en que los muertos oirán la voz del Hijo de Dios, y los que la oigan vivirán» (Jn 5:25). Aquí la *hora* se refiere a toda la era de la iglesia cuando aquellos que están espiritualmente muertos escuchan la voz de Jesús y vuelven a vivir. Juan puede usar también la palabra *hora* (gr, *hora*) para hablar del tiempo cuando los verdaderos adoradores rinden culto al Padre en espíritu y en verdad (Jn 4:21, 23), o cuando una intensa persecución viene sobre los discípulos (Jn 16:2). Estos ejemplos también hablan de largos períodos de tiempo, aun de eras enteras.

Una manera similar de hablar es posible también en idiomas como el español: Le puedo decir a una clase de sesenta estudiantes: «No se desalienten, *el día de la graduación se acerca* para cada uno de ustedes». Pero sé que algunos se graduarán este año, algunos el año próximo, y algunos se graduarán dos o tres años más tarde. Aun puedo hablar del «día de la graduación» en lugar de «los días de graduación» porque está claro que hablo del tipo de día, no del momento en que éste tendrá lugar o de si habrá un día o varios días del mismotipo.

cuenta las profundas raíces y la naturaleza altamente irracional del pecado. También falla completamente al no considerar el hecho de que aun una «prueba sólida» y una «evidencia innegable» no pueden forzar una conversión genuina. El genuino arrepentimiento y la fe nacen de la obra del Espíritu Santo en el corazón de las personas que faculta y persuade. Tal es la naturaleza irracional del pecado que aquellos que «están muertos en transgresiones y pecados» persistirán a menudo en rebelión e incredulidad aun ante una abrumadora evidencia en contra[14].

Esto no es decir que nadie se convertirá a Cristo durante el milenio. Sin duda millones de personas se volverán cristianas durante ese tiempo, y la influencia del reino de Cristo se impregnará en cada aspecto de toda sociedad en el mundo. Pero al mismo tiempo no es difícil comprender cómo el mal y la rebelión crecerán simultáneamente.

5. Puede que Dios tenga varios propósitos en mente para un futuro milenio, todos los cuales pueden no estar claros ahora para nosotros. Pero un milenio como ese mostraría ciertamente *la realización de los buenos propósitos de Dios en las estructuras de la sociedad*, especialmente las estructuras de la familia y el gobierno civil. Durante la era de la iglesia, los buenos propósitos de Dios se ven principalmente en las vidas individuales y las bendiciones que reciben todos los que creen en Cristo. En cierta medida ahora (y más en tiempos de avivamiento) esto afecta al gobierno civil y las instituciones educacionales y corporativas, y en mayor medida afecta a la familia. Pero en ninguna de estas estructuras se manifiestan los buenos propósitos de Dios en la extensión que podrían manifestarse, lo que muestra la gran sabiduría y benevolencia de él no solo en sus planes para los individuos, sino también para las estructuras sociales. En el milenio todas estas estructuras sociales comunicarán la belleza de la sabiduría de Dios para su gloria.

Además, el milenio vindicará aun más la justicia de Dios. El hecho de que algunos se mantengan en el pecado y la incredulidad mostrará que «el pecado —la rebelión contra Dios— no se debe a una sociedad impía o a un mal ambiente. Se debe a la pecaminosidad de los corazones humanos. De esa manera, la justicia de Dios será completamente vindicada en el día del juicio final»[15]. Con Satanás encadenado por mil años, el hecho de que el pecado pueda persistir también mostrará que la culpa final del pecado no la tiene la influencia demoníaca en la vida de las personas, sino la enraizada pecaminosidad en sus corazones.

Tercero, en toda su amplitud la Biblia nos revela que es del agrado de Dios desplegar sus propósitos y revelar gradualmente más y más de su gloria con el tiempo. Desde el llamado de Abraham al nacimiento de Isaac, la jornada en Egipto y el éxodo, el establecimiento del pueblo en la tierra prometida, el reino davídico, y la monarquía dividida, el exilio y el regreso con la reconstrucción del templo, la preservación de un remanente fiel, y por último, la venida de Jesús en la carne, los propósitos de Dios se ven como cada vez más gloriosos y maravillosos. Aun en la vida de Jesús la revelación progresiva de su gloria tomó treinta y tres años, y culminó en los últimos tres años de su vida. Entonces, en la muerte, resurrección y ascensión de Jesús al cielo, se completó el logro de nuestra

---

[14] Un ejemplo hasta cierto punto similar es el hecho de que mucha gente rehúsa creer que hay un Dios que creó el universo, pese a la increíble complejidad de todo ser vivo, y pese a lo que es, para todo propósito práctico, la imposibilidad matemática de que el universo entero pueda haber surgido por casualidad.

[15] George Ladd, «Premilenarismo Histórico», en *The Meaning of the Millennium: Four Views*, p. 40.

redención. Pero ahora la diseminación de la iglesia a través de todas las naciones ha tomado más de 1900 años, y no sabemos cuánto más va a continuar. Todo esto es para decir que Dios no solo lleva a cabo todos sus buenos propósitos de una vez, sino que los despliega gradualmente con el tiempo. Esto es así aun en la vida individual de los cristianos, quienes crecen diariamente en la gracia y en el compañerismo de Dios y en la semejanza de Cristo. Por lo tanto, no sería sorprendente si, antes del estado de eternidad, Dios instituyera un paso final en el despliegue progresivo de la historia de la redención. Esto serviría para aumentar su gloria mientras los hombres y los ángeles observan con asombro las maravillas del plan y la sabiduría de Dios.

6. Por último, una objeción principal al amilenarismo continúa siendo el hecho de que no puede proponer una verdadera explicación de Apocalipsis 20[16].

C. Una consideración de los argumentos a favor del posmilenarismo

Los argumentos a favor del posmilenarismo son:

1. La Gran Comisión nos conduce a esperar que el evangelio irá adelante poderosamente y eventualmente dará lugar a un mundo cristiano más amplio: Jesús dijo explícitamente: «Se me ha dado *toda autoridad en el cielo y en la tierra*. Por tanto, vayan y hagan discípulos de todas las naciones, bautizándolos en el nombre del Padre, del Hijo y del Espíritu Santo, enseñándoles a obedecer todo lo que les he mandado a ustedes. Y les aseguro que estaré con ustedes siempre, hasta el fin del mundo (Mt 28:18-20). Como Cristo tiene toda autoridad en el cielo y sobre la tierra, y como promete estar con nosotros en el cumplimiento de esta comisión, esperaríamos que esta aconteciera sin obstáculos y finalmente triunfara en todo el mundo.

2. Las parábolas del gradual crecimiento del reino indican que este llenará eventualmente la tierra con su influencia. Aquí los posmilenarios apuntan a lo siguiente:

Les contó otra parábola: «El reino de los cielos es como un grano de mostaza que un hombre sembró en su campo. Aunque es la más pequeña de todas las semillas, cuando crece es la más grande de todas las hortalizas y se convierte en árbol, de modo que vienen las aves y anidan en sus ramas». (Mt 13:31-32)

También podemos notar el siguiente versículo: Les contó otra parábola más: «El reino de los cielos es como la levadura que una mujer tomó y mezcló en una gran cantidad de harina, hasta que fermentó toda la masa» (Mt 13:33). De acuerdo con los posmilenarios estas dos parábolas indican que el reino crecerá en influencia hasta que impregne y en alguna medida transforme el mundo entero.

3. Los posmilenarios también argumentan que el mundo se vuelve más cristiano. La iglesia crece y se expande a través del mundo, y aun cuando se le persigue y oprime, crece notablemente gracias al poder de Dios[17].

---

[16]Los amilenaristas han propuesto algunas otras interpretaciones de Apocalipsis 20, pero todas tienen la desventaja de soportar el peso de la prueba al tratar de desechar lo que parece la interpretación directa del texto porque están convencidos que el resto de la Escritura no habla de un futuro milenio terrenal. Pero el resto de la Escritura no lo niega (y en algunos lugares hace alusión a él), y si este texto lo enseña, entonces parecería mucho más apropiado aceptarlo.

[17]El posmilenario A. H. Strong argumenta que Apocalipsis 20:4-10 «no describe los eventos comúnmente llamados la Segunda Venida y la resurrección, sino más bien describe los grandes cambios espirituales en la posterior historia de la iglesia, que son típicos de, y previos a, la Segunda Venida y la resurrección». Él ve Ap 20, por lo tanto, simplemente como una predicción de «los últimos días de la iglesia militante» y de un tiempo cuando «bajo la especial influencia del Espíritu Santo» la iglesia triunfará, «en una medida

Sin embargo, en este punto debemos hacer una distinción significativa. El «milenio» en el que los posmilenarios creen es muy *diferente* al «milenio» del que hablan los premilenaristas. En cierto sentido, ni siquiera discuten el mismo tópico. Mientras los premilenaristas hablan acerca de una tierra renovada con Jesucristo físicamente presente y gobernando como Rey, junto con creyentes glorificados en cuerpos resucitados, los posmilenarios hablan simplemente de una tierra con muchos cristianos que influencian la sociedad. Estos no visualizan un milenio que consista en una tierra renovada, o santos glorificados, o Cristo presente en forma corporal para reinar (pues piensan que estas cosas solo ocurrirán tras el regreso de Cristo para inaugurar el estado de eternidad)[18]. Por lo tanto la discusión entera del milenio es más que una simple discusión de la secuencia de eventos que lo rodean. Esta también implica una diferencia significativa acerca de la naturaleza de este período de tiempo en sí mismo.

Aunque no estoy consciente de si alguno ha hecho esto, no sería imposible para alguien ser un posmilenario y un premilenario al mismo tiempo, con dos percepciones diferentes del término *milenio*. Alguien podría ser concebiblemente un posmilenario y pensar que el evangelio crecerá en influencia hasta que el mundo sea en gran parte cristiano, y entonces regresaría Cristo y establecería literalmente un reino terrenal, levantando a los creyentes de los muertos para reinar con él en cuerpos glorificados. O, del otro lado, un premilenario muy optimista podría concebiblemente adoptar muchas de las enseñanzas de los posmilenarios sobre la naturaleza crecientemente cristiana de la era presente[19].

En respuesta a los argumentos de los posmilenarios, deben plantearse los puntos siguientes:

1. La Gran Comisión sí habla en efecto de la autoridad que se coloca en manos de Cristo, pero esto no implica necesariamente que Cristo utilizará esa autoridad para propiciar la conversión de la mayoría de la población del mundo. Decir que la autoridad de Cristo es grande es simplemente otra manera de decir que el poder de Dios es infinito, lo que nadie negaría. Pero el asunto es la medida en que Cristo *usará* su poder para propiciar el crecimiento numérico de la iglesia. Podemos *asumir* que lo usará en gran medida y propiciará una cristianización a nivel mundial, pero esa suposición es meramente eso—una suposición. Esta no está basada en ningún indicio específico de la Gran Comisión o en otros textos sobre la autoridad y el poder de Cristo en la era presente[20].

2. Las parábolas de la semilla de mostaza y de la levadura sí nos hablan de que el reino de Dios crecerá gradualmente de algo muy pequeño a algo muy grande, pero no nos dicen *la medida* en que crecerá el reino. Por ejemplo, la parábola de la mostaza no nos dice que el árbol creció de tal manera que se extendió por toda la tierra. Y la parábola de la levadura simplemente habla sobre un crecimiento gradual que impregna la sociedad (como la iglesia ha hecho ya), pero no dice nada sobre el grado o el efecto que

---

desconocida antes, sobre los poderes del mal, tanto por dentro como por fuera» (A. H. Strong, *Systematic Theology*, p. 1013).

[18]De manera similar, cuando los amilenaristas hablan de «disfrutar» en el presente el milenio, el cual entienden que se refiere a la era de la iglesia sobre la base de Ap 20, también hablan sobre un tipo de «milenio» muy diferente del que visualizan tanto los posmilenarios como los premilenaristas.

[19]Esto no es para decir que tal posición estaría libre de tensiones y dificultades internas (especialmente la dificultad de explicar cómo disminuiría el mal cuando Cristo esté ausente de la tierra, pero en medio de una creciente rebelión cuando él esté físicamente presente reinando), sino para decir que no habría una absoluta inconsistencia dentro de esta posición.

[20]Primera Corintios 15:25 dice; «Porque es necesario que Cristo reine hasta poner a todos sus enemigos debajo de sus pies», pero el contexto inmediato (vv. 24, 25) habla de destruir a sus enemigos (incluyendo la muerte en el v. 26), no de convertir a las personas y traerlas a la iglesia.

esa influencia tiene (no nos dice, por ejemplo, si al final un 5 por ciento de la barra de pan se fermentó y un 95 por ciento de la masa se convirtió en pan, o un 20 por ciento se fermentó y un 80 por ciento se convirtió en pan, o un 60 por ciento se fermentó y un 40 por ciento se convirtió en pan, y así por el estilo). Se presiona la parábola más allá del propósito deseado cuando se trata de hacer que diga algo más que el reino crecerá poco a poco y llegará a ejercer una influencia sobre cada sociedad en que se establezca.

3. En respuesta al argumento de que el mundo se vuelve más cristiano, debe decirse que también el mundo se vuelve más malvado. Ningún estudiante de historia o de la sociedad moderna discutiría que la humanidad ha hecho muchos progresos a lo largo de los siglos en superar la profunda perversidad y la extendida inmoralidad que aún permanece en los corazones de la gente. Ciertamente, la modernización de las sociedades occidentales en el siglo veinte ha estado a menudo acompañada no por un avance moral, sino por un nivel sin precedentes del abuso de drogas, infidelidad marital, pornografía, homosexualidad, rebelión contra la autoridad, superstición (en la astrología y el movimiento de la Nueva Era), materialismo, avaricia, robo y falsas alocuciones. Aun entre cristianos confesos existen pruebas repetidas de una desalentadora imperfección en la vida cristiana, especialmente en los ámbitos de la moralidad personal y lo profundo de la intimidad con Dios. En sitios donde los cristianos que creen en la Biblia comprenden grandes segmentos de la población, todavía no tiene lugar nada parecido a un reino del milenio terrenal[21]. Es cierto que el crecimiento de la iglesia como un porcentaje de la población mundial ha sido notable en décadas recientes[22], y que debemos estar muy animados por esto. Es posible que algún día veamos una influencia mucho mayor del cristianismo genuino sobre muchas sociedades, y si eso ocurre, ello hará que la posición posmilenaria parezca más plausible. Pero tales eventos podrían también concebirse dentro de un marco premilenario o amilenario, de manera que la decisión final respecto a estas posiciones rivales todavía debe hacerse a través de la interpretación de textos bíblicos relevantes.

4. Por último, debemos notar que hay varios pasajes del Nuevo Testamento que parecen contradecir explícitamente la posición posmilenaria. Jesús dijo: «Entren por la puerta estrecha. Porque es ancha la puerta y espacioso el camino que conduce a la destrucción, y muchos entran por ella. Pero estrecha es la puerta y angosto el camino que conduce a la vida, *y son pocos los que la encuentran*» (Mt 7:13-14). En lugar de enseñar que la mayoría del mundo se volverá cristiana, Jesús parece decir aquí que aquellos que se salvan serán «pocos» en comparación con los «muchos» que viajan hacia la eterna destrucción. De manera similar, Jesús pregunta; «Cuando venga el Hijo del hombre, ¿encontrará fe en

---

[21]Un ejemplo interesante en los Estados Unidos es el estado de Texas. Las estadísticas indican que más del 50 por ciento de la población de Texas pertenece a la Iglesia Bautista del Sur, una denominación que predica un evangelio genuino de salvación solo por la fe, y la necesidad de que cada individuo nazca de nuevo. Esto en sí mismo es un hecho maravilloso por el que debemos dar gracias a Dios, pero no todo el que vive hoy en Texas proclamaría seriamente estar viviendo en el milenio (por lo menos en la manera que los posmilenarios lo entienden). Si añadimos a los bautistas del sur todos los demás cristianos creyentes en la Biblia en el mismo estado, mucho más de la mitad de la población estaría constituida por cristianos renacidos. Pero si una población 50 por ciento cristiana no puede llevarnos a nada cercano a un milenio terrenal, ¿entonces qué por ciento del mundo tiene que volverse cristiano antes que la esperanza posmilenaria se realice? ¿Y dónde está la prueba a lo largo de la historia de que estamos haciendo un progreso significativo hacia la realización de tal milenio?

[22]«Entre 1950 y 1992 los cristianos creyentes en la Biblia ascendieron de solo el 3% de la población mundial al 10% de ella. Este es un salto de 80 millones a 540 millones» (Rick Word, «Christianity: Waning or Growing?» en *Misión Frontiers Bulletin* [Pasadera, CA; Jan.-Feb., 1993], p. 25). Este periódico publica estadísticas similares desde diferentes países en casi todos los números, y nos hace concluir que el crecimiento de la iglesia desde 1950 es tan notable que no tiene precedentes en la historia del mundo.

la tierra? (Lc 18:8), una pregunta que sugiere que la tierra no estará llena con aquellos que creen, sino que más bien estará dominada por aquellos que no tienen fe.

En contradicción con el punto de vista de que el mundo mejorará al crecer la influencia de la iglesia, Pablo predice que antes que Cristo regrese vendrá «*la rebelión*» y «*el hombre de maldad*» se manifestará, «el destructor por naturaleza» quien se adueñará «del templo de Dios» y pretende «ser Dios».(2 Ts 2:3-4)[23].

Al escribirle a Timoteo sobre los últimos días, Pablo dice:

> Ten en cuenta, que *en los últimos días* vendrán tiempos difíciles. La gente estará llena de egoísmo y avaricia; serán jactanciosos, arrogantes, blasfemos, desobedientes a los padres, ingratos, impíos, insensibles, implacables, calumniadores, libertinos, despiadados, enemigos de todo lo bueno, traicioneros, impetuosos, vanidosos y más amigos del placer que de Dios. Aparentarán ser piadosos, pero su conducta desmentirá el poder de la piedad. ¡Con esa gente ni te metas! (2 Ti 3:1-5).

Dice además:

> *Así mismo serán perseguidos todos los que quieran llevar una vida piadosa en Cristo Jesús, mientras esos malvados embaucadores irán de mal en peor, engañando y siendo engañados… Porque llegará el tiempo en que no van a tolerar la sana doctrina, sino que, llevados de sus propios deseos, se rodearán de maestros que les digan las novelerías que quieren oír. Dejarán de escuchar la verdad y se volverán a los mitos.* (2 Ti 3:12-13; 4:3-4)

Por último, y quizá más concluyentemente, Mateo 24:15-31 habla de una gran tribulación que precederá el momento del regreso de Cristo:

> *Habrá una gran tribulación, como no la ha habido desde el principio del mundo hasta ahora, ni la habrá jamás. Si no se acortan esos días, nadie sobreviviría, pero por causa de los elegidos se acortarán… Inmediatamente después de la gran tribulación de aquellos días, «se oscurecerá el sol y no brillará más la luna; las estrellas caerán del cielo y los cuerpos celestes serán sacudidos». La señal del Hijo del hombre aparecerá en el cielo, y se angustiarán todas las razas de la tierra. Verán al Hijo del hombre venir sobre las nubes del cielo con poder y gran gloria.* (Mt 24:21-30)

Este pasaje describe, no un mundo cristianizado, sino un mundo de gran sufrimiento y maldad, una gran tribulación que excede todos los períodos previos de sufrimiento sobre la tierra. No dice que la gran mayoría del mundo dará la bienvenida a Cristo cuando venga, sino más bien que cuando la señal del Hijo del hombre aparezca en el cielo, entonces «se angustiarán todas las razas de la tierra» (Mt 24:30).

---

[23]Algunos posmilenarioscreen que habrá una rebelión final antes que Cristo vuelva. Estos versículos no constituirían una objeción a su posición, pero los versículos siguientes indican que el patrón dominante no-cristiano en los asuntos mundiales justo antes del regreso de Cristo todavía pesa contra ese punto de vista posmilenario, porque describen un mundo concluyentemente diferente al de un milenio de paz y justicia creado por la difusión del evangelio en un sistema posmilenarista.

Como Mateo 24 es un pasaje tan difícil desde la perspectiva posmilenaria, ha habido varios intentos de explicarlo no como una predicción de eventos que ocurrirán justo antes de la Segunda Venida de Cristo, sino más bien algo que se cumplió en lo fundamental con la destrucción de Jerusalén en el 70 d.C.

Para sostener esta interpretación, los posmilenarios convierten en simbólicos la mayoría de los elementos de Mateo 24:29-31:[24] el oscurecimiento del sol y la luna, la caída de las estrellas del cielo y el sacudimiento de los cuerpos celestes no deben entenderse como eventos literales, sino como símbolos de la venida de Dios en juicio. Similares imágenes del juicio se dice que pueden hallarse en Ezequiel 32:7; Joel 2:10; y Amós 8:9, pero estos pasajes simplemente hablan de los juicios de las tinieblas y no mencionan la caída de las estrellas del cielo o el sacudimiento de los cuerpos celestes. R. T. France también menciona Isaías 13: 10 y 34:4, los que sí hablan sobre el oscurecimiento del sol y la luna y la desintegración de los astros del cielo, pero está lejos de ser cierto que France tenga razón al afirmar que esos pasajes son solo simbólicos —están colocados en contextos en los que fácilmente se podrían comprender como predicciones literales de cambios cósmicos que preceden el juicio final. Así que está lejos de ser obvio que estos pasajes son solo imágenes apocalípticas del juicio sobre Jerusalén[25].

Además, la interpretación que las ve como simples declaraciones simbólicas se hace más difícil al continuar las afirmaciones de Jesús, pues él no habla solamente sobre señales en el sol, la luna, y las estrellas, sino que dice inmediatamente después que entonces «la señal del Hijo del hombre aparecerá en el cielo… *Verán al Hijo del hombre venir sobre las nubes del cielo con poder y gran gloria*» (Mt 24:30). Consecuente con su previa interpretación simbólica de este pasaje, France dice que «todas las razas de la tierra» se refiere meramente a los judíos, o sea, «a todas las tribus (familias) de la tierra»[26], esto es, la tierra de Israel. Y dice que la referencia al Hijo del hombre que viene sobre las nubes del cielo con poder y gran gloria no se refiere al regreso de Cristo sino a su llegada ante *el Padre en el cielo*, para ser vindicado y recibir autoridad»[27]. France cita con aprobación la declaración de G. B. Cairo, quien dice que «la venida del Hijo del hombre en las nubes del cielo nunca se concibió como una forma primitiva de viaje espacial, sino como el símbolo de un poderoso vuelco en las fortunas dentro de la historia y a nivel nacional»[28]. Entonces el envío de los ángeles de Cristo con un poderoso llamado de trompeta para reunir a sus elegidos de un extremo al otro del cielo se interpreta como referido a los mensajeros que predican el evangelio a través de la tierra. La reunión de los elegidos entonces es reunirlos dentro de la iglesia por la predicación del evangelio.

Sin embargo, en esta interpretación France no puede dar cuenta satisfactoriamente del hecho de que Jesús dice que todas las razas sobre la tierra «*verán* al Hijo del hombre venir

---

[24] Aquí sigo la interpretación de R. T. France, The Gospel According to Matthew, pp. 343-46.

[25] Otro argumento a favor del punto de vista posmilenarista puede extraerse de la declaración «no pasará esta generación hasta que todas estas cosas sucedan» en Mt 24:34. Un posmilenarista puede tomar «esta generación» en un sentido perfectamente natural como referida a la gente que escuchaba a Jesús mientras hablaba, y así apoyar el punto de vista de que todos los eventos de vv. 29-31 (o aun los de vv. 5-31) ocurrieron cerca del 70 d.C. Pero esa interpretación no es necesaria en Mt 24:34, porque «esta generación» puede entenderse como referida a la generación que vea ocurrir «todas estas cosas» (v. 33), cualesquiera que estas sean. (La «higuera» del v. 32 no debe comprenderse como un símbolo profético para un tiempo particular de la historia —tal como el renacimiento de Israel como nación— porque Jesús lo usa simplemente como una ilustración tomada de la naturaleza: Cuando de la higuera broten hojas, usted sabrá que el verano vendrá pronto; de manera similar, cuando estas señales (vv. 5-31) ocurran, sabrá que el Hijo del hombre regresará pronto).

[26] France, *Matthew*, p. 345

[27] Ibíd., p. 344.

[28] Ibíd., p. 344, citando a G. B. Cairo, *Jesus and the Jewish Nation* (Londres: Athlone Press, 1965).

sobre las nubes del cielo con poder y gran gloria» (Mt 24:30). Esta no es una transacción celestial invisible en la que Cristo recibe autoridad de Dios el Padre, sino lo que aquí se predice es su regreso con poder y gran gloria. A aquellos que predican el evangelio no se les llama nunca en ningún otro lugar ángeles que hacen un poderoso llamado de trompeta, y a la predicación del evangelio no se le llama en ningún otro lugar la reunión «de los cuatro vientos a los elegidos, de un extremo al otro del cielo» (Mt 24:31). Por otro lado, cuando Jesús habla en alguna parte de su venida en las nubes, habla de una venida no *a Dios el Padre* en el cielo, sino de una venida a *a la gente sobre la tierra*: «¡Miren que viene en las nubes! Y todos lo verán con sus propios ojos, incluso quienes lo traspasaron; y por él harán lamentación todos los pueblos de la tierra» (Ap 1:7). Y cuando Cristo regrese, Pablo dice que aquellos que estemos vivos «seremos arrebatados junto con ellos *en las nubes* para encontrarnos con el Señor en el aire» (1 Ts 4:17). Cuando Cristo venga sobre las nubes de gloria con gran poder y autoridad, viene a reinar sobre la tierra, y este es el sentido de Mateo 24:30-31. (France no comenta que Jesús dice que las razas de la tierra que se angustian «*verán* al Hijo del hombre venir sobre las nubes del cielo» (v.30). El hecho de que estas razas verán a Jesús llegando hace difícil comprender cualquier interpretación simbólica o invisible aquí. Por otro lado, la acumulación de factores que por otros textos conocemos están relacionados con el regreso de Cristo (señales cósmicas, la venida de Cristo con poder, el poderoso llamado de trompeta, los ángeles reuniendo a los elegidos) provee una acumulación de evidencias para creer que aquí se alude a la *Segunda* Venida de Cristo, no solo a una representación simbólica de la recepción de su autoridad. Y si Mateo 24 habla sobre la Segunda Venida de Cristo, entonces habla de su venida justo *después* de un período de gran tribulación, no después que un milenio de paz y justicia se haya establecido sobre la tierra[29].

Por último, todos los pasajes que indican que Cristo podría regresar pronto y que debemos estar listos para su regreso en cualquier momento[30] deben considerarse también como un argumento significativo contra el posmilenarismo. Pues si Cristo podría regresar en cualquier momento, y nosotros debemos estar listos para su regreso, entonces el prolongado período que se requiere para el establecimiento del milenio sobre la tierra antes del regreso de Cristo simplemente no se puede considerar una teoría persuasiva.

D. Una consideración de los argumentos a favor del premilenarismo

La posición propugnada en este libro es el premilenarismo histórico. Los argumentos en contra de la posición premilenaria han sido presentados, en lo esencial, en los argumentos a favor del amilenarismo y posmilenarismo, y por lo tanto no se repetirán aquí en una sección aparte, pero objeciones incidentales a estos argumentos serán consideradas en el transcurso.

1. Varios pasajes del Antiguo Testamento no parecen ajustarse ni a la era presente ni al estado de eternidad. Estos pasajes indican alguna etapa futura en la historia de la redención que es muy superior a la presente era de la iglesia, pero que aún no ve la remoción de todo pecado, rebelión y muerte de la faz de la tierra.

---

[29]Es verdad que algunos posmilenarios sostienen que habrá un tiempo de rebelión al final del milenio, justo antes del regreso de Cristo. Pero un período de rebelión contra un reino de justicia y paz milenario dominante no es lo mismo que un período de tribulación en el cual el mal domina y los cristianos experimentan una gran persecución.

Hablando de Jerusalén en algún futuro momento, Isaías dice:

> Nunca más habrá en ella
>> niños que vivan pocos días,
>> ni ancianos que no completen sus años.
> El que muera a los cien años
>> será considerado joven;
> pero el que no llegue a esa edad
>> será considerado maldito. (Is 65:20)

Aquí leemos que no habrá más infantes que mueran en la niñez, ni hombres viejos que mueran prematuramente, algo muy diferente a esta era presente. Pero la muerte y el pecado estarán todavía presentes, porque el niño que tiene cien años debe morir, y el pecador que tiene cien años «será considerado maldito». En el amplio contexto de este pasaje puede que se entremezclen del milenio y del estado de eternidad (cf. vv. 17, 25), pero está en la naturaleza de la profecía del Antiguo Testamento no distinguir entre eventos futuros, exactamente como estas profecías no distinguen entre la primera y la Segunda Venida de Cristo. Por lo tanto, en un contexto más amplio puede haber elementos mezclados, pero se mantiene el asunto de que este único elemento (los infantes y ancianos que viven mucho, el niño que muere a los cien años, y el pecador que será maldito) indica un tiempo específico en el futuro diferente a la edad presente.

Isaías parece predecir un reino milenario en otro lugar cuando dice:

> El lobo vivirá con el cordero,
>> el leopardo se echará con el cabrito,
> y juntos andarán el ternero y el cachorro de león,
>> y un niño pequeño los guiará.
> La vaca pastará con la osa,
>> sus crías se echarán juntas,
>> y el león comerá paja como el buey.
> Jugará el niño de pecho junto a la cueva de la cobra,
>> y el recién destetado meterá la mano en el nido de la víbora.
> No harán ningún daño ni estrago
>> en todo mi monte santo,
> porque rebosará la tierra con el conocimiento del SEÑOR
>> como rebosa el mar con las aguas. (Is 11:6-9)

Este pasaje habla claramente de una momentánea renovación de la naturaleza que nos lleva mucho más allá de la era presente, un tiempo cuando «rebosará la tierra con el conocimiento del SEÑOR como rebosa el mar con las aguas» (v. 9). Pero en el verso inmediatamente siguiente Isaías dice:

> *En aquel día* se alzará la raíz de Isaí como estandarte de los pueblos; *hacia él correrán las naciones*, y glorioso será el lugar donde repose. *En aquel día* el SEÑOR volverá a extender su mano para recuperar el remanente de su pueblo, a los que hayan quedado en Asiria, en Egipto, Patros y Cus. (Is 11:10-11)

Aquí algunos todavía buscan al Mesías y se acercan aparentemente a la salvación, y también aquí el Señor todavía congrega el remanente de su pueblo desde varias naciones de la tierra. Por lo tanto, no parece que el estado de eternidad haya comenzado, pero los percances de la naturaleza exceden con mucho todo lo que ocurrirá en esta era presente. ¿No indica esto un futuro reino milenario?

El Salmo 72 parece ir más allá de una descripción del reinado de Salomón para predecir las glorias del reino del Mesías:

> Que domine el rey de mar a mar,
>> desde el río Éufrates hasta los confines de la tierra.
> Que se postren ante él las tribus del desierto;
>> ¡que muerdan el polvo sus enemigos!
> Que le paguen tributo los reyes de Tarsis
>> y de las costas remotas;
> que los reyes de Sabá y de Seba
>> le traigan presentes;
> que ante él se inclinen todos los reyes;
>> ¡que le sirvan todas las naciones!
> Él librará al indigente que pide auxilio,
>> y al pobre que no tiene quien lo ayude.
> Se compadecerá del desvalido y del necesitado,
>> y a los menesterosos les salvará la vida.
> Los librará de la opresión y la violencia,
>> porque considera valiosa su vida. (Sal 72:8-14)[31]

Este pasaje ciertamente habla de un gobierno mesiánico mucho más amplio que el experimentado por David y Salomón, porque es un reino mesiánico «hasta los confines de la tierra» y lo servirán «todas las naciones» (vv. 8, 11; note que el salmo también dice en el v. 5: «Que viva el rey por mil generaciones, lo mismo que el sol y la luna»). Este será un reino justiciero, de justicia—pero ciertamente no será el estado de eternidad. Todavía existirá «el indigente que pide auxilio» y «el pobre que no tiene quien lo ayude» (vv. 12-14). Todavía habrá enemigos «que muerdan el polvo» bajo el gobierno de este Rey justiciero (v. 9). Todo esto habla de una era muy diferente de la era presente, pero menos que el estado de eternidad en el que no hay más pecado ni sufrimiento.

Zacarías también profetiza que viene una era en la que hay una gran transformación en la tierra, en la que el Señor es Rey sobre toda la tierra, y en la que todavía hay rebelión y pecado, y muerte:

> Entonces vendrá el Señor mi Dios, acompañado de todos sus fieles. En aquel día excepcional, que sólo el SEÑOR conoce: no tendrá día ni noche, pues cuando llegue la noche, seguirá alumbrando la luz. En aquel día fluirá agua viva desde

---

[30]Vea el capítulo 2, sección F.1, sobre los pasajes que hablan de un inminente regreso de Cristo.

[31]Algunas versiones bíblicas, como la NASB y la RSV toman estas afirmaciones no como predicciones, sino como oraciones. Pero en ambos casos este salmo muestra el ansia de un gobernante mesiánico que algún día dominaría «hasta los confines de la tierra».

Jerusalén, tanto en el verano como en invierno. Y una mitad correrá hacia el Mar Muerto, y la otra hacia el mar Mediterráneo. El SEÑOR reinará sobe toda la tierra. En aquel día el SEÑOR será el único Dios, y su nombre será el único nombre.

Esta será la plaga con la que el SEÑOR herirá a todos los pueblos que pelearon contra Jerusalén. Se les pudrirá la carne en vida, se les pudrirán los ojos en las cuencas, y se les pudrirá la lengua en la boca... y se recogerán las riquezas de todas las naciones vecinas, y grandes cantidades de oro y plata y de ropa...

Entonces los sobrevivientes de todas las naciones que atacaron a Jerusalén subirán año tras año para adorar al Rey, al SEÑOR Todopoderoso, y para celebrar la fiesta de las Enramadas. Si alguno de los pueblos de la tierra no sube a Jerusalén para adorar al Rey, al SEÑOR Todopoderoso, tampoco recibirá lluvia. (Zac 14:5-17)

Otra vez aquí la descripción no se ajusta a la era presente, pues el Señor es Rey sobre toda la tierra en esta situación. Pero esto tampoco se ajusta al estado de eternidad, porque la desobediencia y la rebelión contra el Señor están claramente presentes. Se podría objetar que esta es una típica profecía del Antiguo Testamento en la que se unen distintos eventos futuros que la visión del profeta no distingue, pese a que pueden estar separados por largos períodos cuando realmente ocurran. No obstante, es difícil hacer esa distinción en este pasaje porque se trata de una rebelión específica contra el Señor que es Rey sobre toda la tierra que se castiga con estas plagas y la falta de lluvia[32].

2. También hay otros pasajes del Nuevo Testamento, aparte de Apocalipsis 20, que sugieren un futuro milenio. Cuando el Señor Jesús resucitado habla a la iglesia de Tiatira, dice: «*Al que venciere y guardare mis obras hasta el fin, yo le daré autoridad sobre las naciones, y las regirá con vara de hierro*, y serán quebradas como vaso de alfarero, como yo también la he recibido de mi Padre» (Ap 2; 26-27). La simbología que se usa (reinar con una vara de hierro; quebrar vasos de alfarero) implica un gobierno fuerte sobre los rebeldes. ¿Pero cuándo los creyentes que triunfen sobre el mal participarán en este gobierno? La idea se ajusta bien a un futuro reino milenario cuando los santos glorificados reinen con Cristo sobre la tierra, pero no se ajusta bien a ningún momento de la era presente o del estado de eternidad. (La idea de gobernar las naciones «con vara de hierro» también se encuentra en Apocalipsis 12:5-6 y 19:15).

Cuando Pablo habla de la resurrección, dice que cada persona recibirá un cuerpo resucitado, cada uno en su debido orden: «Cristo, las primicias; *después* (*eita*) cuando él venga, los que le pertenecen. *Entonces* (*epeita*) vendrá el fin, cuando él entregue el reino a Dios el Padre, luego de destruir todo dominio, autoridad y poder. Porque es necesario que Cristo reine hasta poner a todos sus enemigos debajo de sus pies» (1 Co 15:23-25). Las dos palabras traducidas «entonces» en este pasaje (*epeita* y *eita*) tienen el sentido de «después de», no el sentido de «al mismo tiempo». Por consiguiente, el pasaje le ofrece algún apoyo a la idea de que, justo como hay un intervalo de tiempo entre la resurrección de Cristo y su Segunda Venida cuando nosotros recibamos un cuerpo resucitado (v. 23),

---

[32]El pasaje describe las bendiciones en términos de los sacrificios del antiguo pacto y menciona la fiesta de las Enramadas, un festival del viejo pacto. Esta era la terminología y la descripción de que disponía el pueblo de ese día, pero el Nuevo Testamento puede permitir una realización mayor (espiritual) de cierto número de estos detalles.

hay un intervalo de tiempo entre la Segunda Venida de Cristo y «el fin» (v. 24), cuando Cristo entregue el reino al Padre tras haber reinado durante un tiempo y puesto a todos sus enemigos debajo de sus pies[33].

3. Con cierto número de otros pasajes de trasfondo que apuntan o claramente sugieren un tiempo futuro mucho más grandioso que la era presente pero menos que el estado de eternidad, resulta entonces apropiado examinar Apocalipsis 20 una vez más. Aquí hay varias afirmaciones que se entienden mejor como referidas a un futuro reinado terrenal de Cristo anterior al juicio futuro.

a. La atadura y encierro de Satanás en el abismo (v. 2-3) implican una restricción mucho mayor de su actividad que la que conocemos en esta era (vea la discusión sobre el tema del amilenarismo).

b. La declaración de que aquellos que fueron fieles «vivieron» (v. 4) se interpreta mejor como referida a una resurrección corporal, pues el siguiente versículo dice: «Ésta es la primera resurrección». El verbo *ezesan*, «volver a vivir», es el mismo verbo y la misma forma verbal que se utiliza en Apocalipsis 2:8, donde Jesús se identifica a sí mismo como «el que murió y volvió a vivir», una obvia referencia a su resurrección[34].

c. En una interpretación premilenaria el reinado de Cristo (en Ap 20:4) es algo todavía futuro, no algo que ocurre ahora (como aducen los amilenaristas). Esto es consistente con el resto del Nuevo Testamento, donde se nos dice a menudo que los creyentes reinarán con Cristo y se les dará autoridad (por él) para reinar sobre la tierra (vea Lc 19:17, 19; 1 Co 6:3; Ap 2:26-27; 3:21). Pero en ningún otro lugar la Escritura dice que los creyentes en el estado intermedio (entre su muerte y el regreso de Cristo) están reinando con Cristo o compartiendo su gobierno con él. De hecho, Apocalipsis describe primero a los santos en el cielo antes que Cristo regrese *esperando* bajo el altar y clamando a gran voz al Señor que comience a juzgar a los impíos sobre la tierra (Ap 6:9-10). En ningún lugar se dice que los cristianos ya reinan con Cristo.

Acerca de aquellos que vuelven a vivir y reinan con Cristo, en Apocalipsis 20 se incluyen a gente «*que no habían adorado a la bestia ni a su imagen y que no recibieron la marca en sus frentes*» (Ap 20:4). Esta es una referencia a aquellos que no se rindieron ante las persecuciones de la bestia de las que se habla en Apocalipsis 13:1-18). Pero si la severidad de la persecución descrita en Apocalipsis 13 nos lleva a concluir que la bestia *no ha aparecido aún* sobre el escenario mundial, sino que esto es algo futuro, entonces la persecución de esta bestia es también futura. Y si *esta persecución es aún futura, entonces la escena de Apocalipsis 20,* donde aquellos «que no habían adorado la bestia… y no recibieron la marca en sus frentes» (Ap 20:4), *también es futura.* Esto significa que Apocalipsis 20:1-6 no describe la presente era de la iglesia, sino que se refiere a un futuro reino milenario de Cristo. Estas consideraciones se combinan para plantear un caso a favor del premilenarismo. Si estamos convencidos de esta posición, es realmente una cuestión incidental si el período de mil años se concibe como mil años literales o simplemente como un período prolongado de tiempo

---

[33]La palabra griega *eita* significa «enseguida» o «después» o «luego» (vea Mr 4:17, 28; 1 Co 15:5, 7; 1 Ti 2:13). No siempre indica una secuencia temporal, porque también puede introducir el siguiente asunto o argumento en una progresión lógica, pero al narrar sucesos históricos indica algo que ocurre después de otra cosa (vea BAGD, pp. 233-34; también LSJ, p. 498:

«utilizada para denotar la secuencia de un acto o estado encima de otro… *entonces, a continuación*»).

[34]En ambos casos, entiendo el aoristo de indicativo *ezesan* como un aoristo incipiente, que marca el comienzo de una acción.

de duración indeterminada. Y aunque puede que no tengamos muy claros todos los detalles de la naturaleza del milenio, podemos estar razonablemente seguros de que habrá un futuro reinado terrenal de Cristo que será notablemente diferente a esta era presente.

E. El tiempo de la gran tribulación

Aquellos que están persuadidos de los argumentos a favor del premilenarismo, deben decidir sobre una cuestión adicional: ¿Regresará Cristo antes o después de la «gran tribulación»?

La expresión «gran tribulación» en sí misma viene de Mateo 24:21 (y paralelos), donde Jesús dice: «Porque habrá entonces *gran tribulación*, cual no la ha habido desde el principio del mundo hasta ahora, ni la habrá». El premilenarismo histórico cree que Cristo regresará después de esa tribulación, pues el pasaje continúa: «E inmediatamente después de la tribulación de aquellos días, el sol se oscurecerá... entonces aparecerá la señal del Hijo del hombre en el cielo; y entonces lamentarán todas las tribus de la tierra, y verán al Hijo del hombre viniendo sobre las nubes del cielo, con poder y gran gloria» (Mt 24:29-30). Pero, como se explicó antes, en los siglos diecinueve y veinte se hicieron populares una variedad de premilenarismos que sostienen una venida de Cristo pretribulacionalista». Esto se llama a menudo el punto de vista del «rapto pretribulacionalista», porque sostiene que cuando Cristo regrese por primera vez la iglesia será «raptada» o arrebatada a los cielos para estar con él.

Los argumentos para tal rapto antes de la tribulación son los siguientes[35]:

1. Todo el período de la tribulación será un tiempo en el que se derramará la ira de Dios sobre la tierra. Por lo tanto, no sería apropiado que los cristianos estén sobre la tierra en ese tiempo.

2. Jesús promete en Apocalipsis 3:10: «*Yo te guardaré de la hora de la tentación que vendrá sobre el mundo entero* para poner a prueba a los que viven en la tierra». Este pasaje indica que se sacará a la iglesia del mundo antes que llegue esa hora de prueba.

3. Si Cristo regresa *después* de la tribulación y derrota a todos sus enemigos, ¿entonces de dónde vendrán los incrédulos que necesariamente deben poblar el reino milenario?: La posición pretribulacionalista, sin embargo, vislumbra miles de judíos creyentes que se han vuelto cristianos durante la tribulación y que entrarán al reino milenario en cuerpos no glorificados.

4. Este punto de vista hace posible creer que Cristo podría venir en cualquier momento (su venida antes de la tribulación) y que aún deben cumplirse muchas señales antes que él venga (su venida después de la tribulación, cuando se hayan cumplido las señales).

Aunque este no es un argumento específico a favor de una posición pretribulacionalista, también debe notarse que los pretribulacionistas ven entonces la enseñanza sobre la tribulación en Mateo 24 y las advertencias y aliento dados a los creyentes en esa situación como aplicables a los judíos creyentes durante la tribulación, y no a la iglesia en general[36].

---

[35]Mucho de la argumentación a favor de la posición del rapto antes de la tribulación se toma del muy acucioso ensayo de Paul D. Feinberg, «The Case for Pretribulation Rapture Position» en *The Rapture: Pre-, Mid., or Post-Tribulational? pp. 45-86.*

[36]Feinberg ofrece un argumento adicional sobre las diferencias entre los pasajes que él entiende describen el rapto (antes de la tribulación) y los pasajes que ve como describiendo la Segunda Venida (después de la tribulación). No obstante, la mayoría de estas diferencias no son contradicciones insuperables, sino solo casos en los que se menciona un evento en un pasaje y no en otro (un punto bien señalado por Douglas Moo en su «Response», pp. 99-101).

En respuesta a estos argumentos, se deben hacer las observaciones siguientes:

1. No concuerda con las descripciones de la tribulación en el Nuevo Testamento decir que *todo* el sufrimiento que ocurra durante ese tiempo es específicamente el resultado de la ira de Dios. Mucho del sufrimiento se debe a que la maldad se multiplicará (Mt 24:12) y a que crecerá mucho la persecución de la iglesia y la oposición de Satanás durante este período. Por supuesto, todos los cristianos (ya sean gentiles o creyentes judíos) evadirán la ira de Dios en todo momento, pero esto no significa que evadirán todo sufrimiento, aun en tiempos extremadamente difíciles.

2. El hecho de que Jesús diga a los fieles creyentes de la iglesia de Filadelfia (Ap 3:10) que él los guardará de la hora de prueba que viene sobre todo el mundo, no es una evidencia lo suficientemente fuerte como para decir que se sacará a la iglesia entera del mundo antes de la tribulación. Primero, esta declaración se hace a una iglesia específica (Filadelfia) y no debe aplicarse a toda la iglesia en algún punto futuro de la historia. Por otra parte, «la hora de tentación que vendrá sobre el mundo entero» no tiene que referirse al tiempo de la gran tribulación, sino que probablemente se refiere al tiempo de gran persecución y sufrimiento que vendría sobre todo el Imperio Romano o todo el mundo habitado. Por último, la promesa de que la iglesia en Filadelfia sería *guardada* no implica que los sacarían del mundo, sino simplemente que se les mantendría fieles y se les guardaría de sufrir daños derivados de ese período de sufrimiento y prueba.

3. No favorece al punto de vista pretribulacionalista decir que debe haber algunos en cuerpos no glorificados que entrarán en el milenio, porque (desde un punto de vista postribulacionalista) cuando Cristo venga al fin de la tribulación *derrotará* todas las fuerzas dispuestas contra él, pero eso no significa que las matará o aniquilará a todas. Muchos simplemente se rendirán sin confiar en Cristo, y así entrarán al milenio como incrédulos. Y durante todo el período del milenio muchos se convertirán sin duda a Cristo y también se volverán creyentes.

4. El punto de vista pretribulacionalista no es el único consistente con las ideas de que Cristo podría volver en cualquier momento que haya señales que precedan su regreso. La posición presentada en el capítulo anterior —que es poco probable pero posible que las señales se hayan cumplido— es también consistente con estas ideas[37].

Pero debe decirse que detrás de este argumento de los pretribulacionistas hay una preocupación de más peso: El deseo de preservar una distinción entre *la iglesia* (que ellos piensan será alzada al cielo para estar con Cristo) e *Israel* (que piensan constituirá el pueblo de Dios sobre la tierra durante la tribulación y entonces durante el reino milenario). Pero, como hemos anotado, el Nuevo Testamento no respalda una distinción de este tipo entre Israel y la iglesia. Por consiguiente, esto no implica la necesidad de contemplar una distinción entre estos grupos en el tiempo de la tribulación y el milenio.

Hay una variante de la posición del rapto pretribulacionalista que se conoce como el punto de vista del *rapto midtribulacionalista*. Este se define por Gleason Archer en su ensayo: «The Case for the Mid-Seventieth-Week Rapture Position»[38]. Él ve la tribulación como separada en dos mitades. Los primeros tres años y medio se caracterizan por la ira del hombre, y la iglesia está presente en ese tiempo. Los segundos tres años y medio

---

[37]Vea el capítulo 2, sección F, 2.a-g

[38]En *The Rapture*, pp. 113-45.

años se caracterizan por la ira de Dios, y durante ese tiempo la iglesia está ausente de la tierra. El argumento primario de la Escritura para respaldar un rapto midtribulaciolista es el hecho de que en Daniel 7:25, 9:27, y 12:7 y 11, así como en Apocalipsis 12:14, los siete días o tiempos a que se alude están cortados en mitades, al mencionar el intervalo de tres y medio tiempos o tres y medio días en una semana simbólica, apuntando de esa manera a un período de tres años y medio, tras el cual se rescataría al pueblo de Dios de la tribulación. Otro argumento a favor de esta posición es que destaca el sentido de expectación ante el regreso de Cristo, pues tres años y medio es un período más corto de tiempo que siete años.

Sin embargo, aunque los pasajes de Daniel sí hablan de una *interrupción* de la séptima semana que Daniel predice para el futuro, no dan ninguna indicación clara de que los creyentes serán removidos de la tierra a mediados de la semana[39]. También es difícil ver que la expectativa de una tribulación de tres años y medio provee una sensación de inmi- nencia mucho mayor que la que provee la expectativa de una tribulación de siete años.

Por último, algunas objeciones a la posición del rapto pretribulacionista se pueden plantear en forma de argumentos a favor del punto de vista del rapto postribulacionista (el punto de vista premilenario histórico que Cristo regresará tras un período de tribula- ción sobre la tierra):

1. El Nuevo Testamento no dice claramente en ningún lugar que la iglesia será sacada del mundo antes de la tribulación. Si fuera a ocurrir este significativo evento, podríamos por lo menos esperar que se hallara una enseñanza específica a ese efecto en el Nuevo Testamento. Ciertamente Jesús nos dice que el regresará y nos tomará para estar con él (Jn 14:3), y Pablo nos dice que seremos arrebatados a las nubes para encontrarnos con el Señor en el aire (1 Ts 14:17), y que seremos transformados en un abrir y cerrar de ojos y recibiremos un cuerpo incorruptible, (1 Co 15:51-52), pero los creyentes han entendido cada uno de estos pasajes a lo largo de la historia, no como que hablan de un rapto *secreto* de la iglesia antes de la tribulación, sino de un rapto *público* (o «arrebato») muy visible de la iglesia para estar con Cristo precisamente unos momentos antes de su venida a la tierra *junto con ellos* para reinar durante el reino milenario (o de acuerdo con el punto de vista amilenario, durante el estado de eternidad)[40].

Por otro lado, es muy difícil comprender 1 Tesalonicenses 4:17, el único pasaje que dice explícitamente que la iglesia será «arrebatada» (o raptada), para hablar de la idea de una venida secreta. Este dice: «El Señor mismo descenderá del cielo *con voz de mando, con voz de arcángel y con trompeta de Dios*» (1 Ts 4:16). De estas palabras Leon Morris co- rrectamente dice: «Puede ser que con esto él intenta hacernos comprender que el rapto ocurrirá en secreto, y que nadie excepto los propios santos sabrán lo que sucede. Pero a

---

[39]Vea Paul D. Feinberg, «Response», en *The Rapture*, pp. 147-50.

[40]Cuando Pablo dice que «los que estemos vivos, los que hayamos quedado, seremos arrebatados junto con ellos en las nubes para en- contrarnos con el Señor en el aire» (1 Ts 4:17), utiliza la palabra griega *apantesis*, para «encontrarnos», que se usa en la literatura griega fuera de la Biblia para hablar de ciudadanos que salen de una ciudad para en- contrarse con un magistrado, y retornar entonces a la ciudad con él. «La

palabra *apantesis* debe entenderse como un tecnicismo para una conducta cívica de la antigüedad por medio de la cual una ciudad le concedía una bienvenida pública a visitantes importantes» (Eric Peterson, «*apantesis*» *TDNT*, 1:380). Moulton y Milligan dicen: «La palabra parece haber sido un tecnicismo para la bienvenida oficial de un dignatario recién llegado —un uso que concuerda de manera excelente con su empleo en el Nuevo Testamento» (MM, p. 53).

duras penas se podría deducir esto de sus palabras. Es difícil ver cómo podría él describir más explícitamente algo que es manifiesto y público»[41].

La doctrina del rapto pretribulacionista resulta de una inferencia de varios pasajes, todos los cuales están en disputa. Por otra parte, aun si uno creyera que esta doctrina se encuentra en las Escrituras, se enseña con tan poca claridad que no fue descubierta hasta el siglo XIX. Esto lo hace lucir muy improbable.

2. La tribulación está muy claramente vinculada con el regreso del Señor en varios pasajes. Primero, la poderosa trompeta convoca a la reunión de los elegidos en Mateo 24:31, el sonido de la trompeta de Dios en 1 Tesalonicenses 4:16, y el toque final de la trompeta cuando nuestros cuerpos serán transformados en 1 Corintios 15:51-52, todo parece ser el mismo toque de trompeta—la trompeta que suena justo antes del milenio. Si de veras es «el último toque de trompeta» (1 Co 15:52), entonces es difícil ver cómo otro poderoso toque de trompeta (Mt 24:31) podría seguirlo siete años después. Además, es muy difícil pensar que Mateo 24 no se refiera a la iglesia, sino al pueblo judío que se salvaría durante la tribulación. Jesús se dirige a *sus discípulos* (Mt 24:1-4) y los alerta de la persecución y el sufrimiento que vendrán. Les habla de la gran tribulación por venir, y entonces dice que «inmediatamente después de la tribulación de aquellos días» aparecerán señales cósmicas y «se angustiarán todas las razas de la tierra. Verán al Hijo del hombre venir sobre las nubes del cielo con poder y gran gloria» (Mt 24:30). ¿Pero sería verosímil que Jesús, al decir estas cosas a *sus discípulos*, intentara que sus palabras se aplicaran, no a la iglesia, sino solo a un futuro reino terrenal del pueblo judío que se convertiría durante la tribulación? Tampoco parece verosímil que los discípulos estén aquí como representantes de un futuro reino judío y no como representantes de la iglesia, a cuyo establecimiento estaban tan estrechamente ligados como su fundamento (Ef 2:20).

3. Por último, el Nuevo Testamento no parece justificar la idea de dos regresos de Cristo separados (uno *para* su iglesia antes de la tribulación y entonces, siete años después, *con* su iglesia para juzgar a los incrédulos). Una vez más, en ningún pasaje se enseña explícitamente ese punto de vista, sino que este es simplemente una inferencia extraída de las diferencias entre distintos pasajes que describen el regreso de Cristo desde distintas perspectivas. Pero no es nada difícil ver que estos pasajes se refieren a un solo evento que ocurrió en un momento[42].

Parece mejor concluir, con la gran mayoría de la iglesia a través de la historia, que la iglesia atravesará el tiempo de tribulación predicho por Jesús. Probablemente no habríamos escogido este sendero nosotros mismos, pero la decisión no estaba en nuestras manos. Y si Dios quiere que alguno de nosotros que ahora vivimos permanezcamos sobre la tierra hasta el tiempo de esta gran tribulación, entonces debemos prestar oídos a las palabras de Pedro: «Dichosos ustedes si los insultan por causa del nombre de Cristo, porque el glorioso Espíritu de Dios reposa sobre ustedes (1 P 4:14), y «Cristo sufrió por ustedes, dándoles ejemplo para que sigan sus pasos» (1 P 2:21). Esta idea de que los cristianos deben estar preparados para soportar sufrimientos también se observa en las palabras de Pablo de que somos coherederos con Cristo: «pues si ahora sufrimos con él, también tendremos

---

[41]Leon Morris, *The First and Second Epistles to the Tessalonians*, New International Commentary (Eerdmans, Grand Rapids, 1959), p. 145.

[42]Vea la nota 36, antes; los pasajes primarios se dan en el capítulo 2, sección A.

parte con él en su gloria» (Ro 8:17). Y podemos recordar que desde el tiempo de Noé al tiempo del martirio de los primeros apóstoles, ha sido frecuentemente el camino de Dios traer a su pueblo a la gloria a través del sufrimiento, pues hizo lo mismo con su propio Hijo. «En efecto, a fin de llevar a muchos hijos a la gloria, convenía que Dios, para quien y por medio de quien todo existe, perfeccionara mediante el sufrimiento al autor de la salvación de ellos» (Heb 2:10). Es del Salvador, el mismo que ha sufrido más de lo que ninguno de sus hijos nunca sufrirán, que recibimos la admonición: «No tengas miedo de lo que estás por sufrir… Sé fiel hasta la muerte, y yo te daré la corona de la vida» (Ap 2:10).

PREGUNTAS PARA APLICACIÓN PERSONAL

1. Antes de leer este capítulo, ¿tenía usted alguna certidumbre acerca de si el regreso de Cristo sería amilenario, posmilenario o premilenario? Y si sería postribulacional o pretribulacional? Si es así, ¿cómo ha cambiado su punto de vista ahora, si es el caso?

2. Explique cómo su actual punto de vista del milenio afecta su vida cristiana. De manera similar, explique cómo su punto de vista de la tribulación afecta su vida cristiana actual.

3. ¿Cómo piensa que sería la sensación de vivir sobre la tierra con un cuerpo glorificado, y con Jesucristo como Rey sobre todo el mundo? ¿Puede describir con cierto detalle algunas de las actitudes y reacciones emocionales que usted tendría hacia distintas situaciones en un reino como ese? ¿Espera usted realmente un reino como ese? (Sus respuestas diferirán algo en dependencia de si usted espera o no un cuerpo glorificado durante el milenio hasta el estado de eternidad).

4. ¿Cuáles serían los resultados, tanto positivos como negativos, de una posición como la del rapto pretribulacionista en las actitudes y la vida diaria de los cristianos? De manera similar, ¿cuáles serían los resultados positivos y negativos de una posición como la del rapto postribulacionalista?

TÉRMINOS ESPECIALES

amilenarismo	premilenarismo histórico
gran tribulación	premilenarismo postribulacionista
milenio	rapto
posmilenarismo	rapto midtribulacionista
premilenarismo	rapto postribulacionista
premilenarismo dispensacionalista	rapto pretribulacionista

BIBLIOGRAFÍA

Adams, Jay. *The Time Is at Hand*. Phillipsburg, N. J.: Presbyterian and Reformed, 1970. (Amilenario).

Allis, O. T. *Prophecy and the Church*. Philadelphia: Presbyterian and Reformed, 1945. (Amilenario).

Archer, Gleason, Paul Feinberg, Douglas Moo, and Richard Reiter. *The Rapture: Pre-, Mid-, or Post-tribulational?* Grand Rapids: Zondervan, 1984. (Contiene ensayos con buenos argumentos que representan las tres diferentes posiciones).

Bauckham, R. J. «Millenium». En *NDT*, pp. 428-30.

Beechick, Allen. *The Pre-Tribulation Rapture.* Denver: Accent, 1980.

Berkouwer. G. C. *The Return of Christ.* Trad. por James Van Oosterom. Edit. por Marlin J. Van Elderen. Grand Rapids: Eerdmans, 1972.

Boettner, Lorraine. *The Millennium.* Filadelfia: Prebyterian and Reformed, 1957. (Posmilenario).

Clouse, F. G. «Rapture and the Church». En *EDT*, pp. 908-10.

Clouse, Robert G., edit. *The Meaning of the Millennium: Four Views.* InterVarsity Press, Downers Grove, IL, 1977. (Los capítulos de Ladd y Hoekema son excelentes exposiciones de las posiciones premilenarias y amilenarias clásicas).

Davis, John Jefferson. *Christ's Victorious Kingdom.* Grand Rapids: Baker, 1986. (Este es un argumento excelente a favor de la posición posmilenaria).

Ericsson, Millard. *Contemporary Options in Eschatology.* Grand Rapids: Baker, 1977.

Feinberg, Charles L. *Millennialism: The Two Major Views.* Chicago: Moody Press, 1980. (Premilenarismo pretribulacionalista).

Grier, W. J. *The Momentous Event.* Londres: Banner of Truth, 1970.

Gundry, R. H. *The Church and the Tribulation.* Grand Rapids: Zondervan, 1973. (Premilenarismo postribulacionalista).

Hendriksen, William. *More Than Conquerors: An Interpretation of the Book of Revelation. Londres: Tyndale Press, 1962. (Amilenario).*

Hoekema, Anthony A. *The Bible and the Future.* Grand Rapids: Eerdmans, 1979, pp. 109-238. (Amilenario).

Kik, J. Marcellus. *An Eschatology of Victory.* Nutley, N. J.: Presbyterian and Reformed, 1974. (Posmilenario).

Ladd, George Eldon. *The Blessed Hope.* Grand Rapids: Eerdmans, 1956. (Premilenarismo postribulacionista o clásico).

Lighter, Robert P. *The Last Days Handbook: A Comprehensive Guide to Understanding the Different Views of Prophecy. Who Believes What About Prophecy and Why.* Nashville, Tenn.: Thomas Nelson, 1990.

McClain, Alva J. *The Greatness of the Kingdom.* Grand Rapids: Zondervan, 1959. (Premilenarismo pretribulacionalista).

Murray, Iain. *The Puritan Hope.* Londres; Banner of Truth, 1971. (Posmilenario).

Pentecost, J. Dwight. *Things to Come.* Findlay, Ohio: Dunham, 1958. (Premilenarismo pretribulacionista).

Poythress, Vern. *Understanding Dispensationalists.* Grand Rapids: Zondervan, 1987. (Amilenario).

Travis, S. H. «Eschatology». En *NDT*, pp. 228-31.

Vos, Geerhardus. *The Pauline Eschatology.* Grand Rapids: Eerdmans, 1961. (Amilenario).

Walvoord, John F. *The Blessed Hope and the Tribulation.* Grand Rapids: Zondervan, 1976. (Premilenarismo pretribulacionista).

_____. *The Millennial Kingdom* Findlay, Ohio: Dunham, 1959. (Premilenarismo pretribulacionista).

PASAJE BÍBLICO PARA MEMORIZAR

Apocalipsis 20:4-6: *«Entonces vi tronos donde se sentaron los que recibieron autoridad para juzgar. Vi también las almas de los que habían sido decapitados por causa del testimonio de Jesús y por la palabra de Dios. No habían adorado a la bestia ni a su imagen, ni se habían dejado poner su marca en la frente ni en la mano. Volvieron a vivir y reinaron con Cristo mil años. Esta es la primera resurrección: los demás muertos no volvieron a vivir hasta que se cumplieron los mil años. Dichosos y santos los que tienen parte en la primera resurrección. La segunda muerte no tiene poder sobre ellos, sino que serán sacerdotes de Dios y de Cristo, y reinarán con él mil años».*

HIMNO

«Dominará Jesús, el Rey»

Este himno de Isaac Watts hermosamente describe el reinado de Cristo sobre toda la tierra. Sea que nuestras convicciones personales en cuanto al milenio nos lleven a entender este himno como refiriéndose al milenio o al estado eterno, en cualquier caso dan un cuadro excelente del reino por el cual nuestro corazón anhela y las bendiciones que vendrán cuando Cristo sea Rey sobre toda la tierra.

Dominará Jesús, el Rey,
En todo país que alumbra el sol;
Los regirá su santa ley
Y se probarán en su crisol.

Le ensalzarán en la canción
Que eternamente elevarán;
En nombre de él cada oración
Cual un perfume suave harán.

Idólatras traerán su don;
Delante de él se postrarán,
Y los que contumaces son
La tierra tristes lamerán.

Benéfico descenderá
Rocío fertilizador;
Del poderoso librará:
Al que no tiene ayudador.

AUTOR: ISAAC WATTS, 1719, TRAD. T. M. WESTRUP
(TOMADO DEL NUEVO HIMNARIO POPULAR #189)

Capítulo 4

EL JUICIO FINAL Y EL CASTIGO ETERNO

¿Quién será juzgado? ¿Qué es el infierno?

EXPLICACIÓN Y BASES BÍBLICAS

A. El hecho del juicio final

1. Prueba bíblica de un juicio final. La Escritura frecuentemente afirma el hecho de que habrá un gran juicio final de creyentes e incrédulos. Comparecerán ante el trono del juicio de Cristo en cuerpos resucitados y escucharán la proclamación de su destino eterno.

El juicio final se describe vívidamente en la visión de Juan en el Apocalipsis:

> *Y vi un gran trono blanco y al que estaba sentado en él,* de delante del cual huyeron la tierra y el cielo, y ningún lugar se encontró para ellos. *Y vi a los muertos, grandes y pequeños, de pie ante Dios; y los libros fueron abiertos,* y otro libro fue abierto, el cual es el libro de la vida; *y fueron juzgados los muertos por las cosas que estaban escritas en los libros, según sus obras.* Y el mar entregó a los muertos que había en él; y la muerte y el Hades entregaron los muertos que había en ellos; y fueron juzgados cada uno según sus obras. Y la muerte y el Hades fueron lanzados en el lago de fuego. Esta es la muerte segunda. Y el que no se halló inscrito en el libro de la vida fue lanzado al lago de fuego. (Ap 20:11-15)

Muchos otros pasajes instruyen sobre este juicio final. Pablo les dice a los filósofos griegos de Atenas que Dios «... manda a todos, en todas partes, que se arrepientan. Él ha fijado un día en que juzgará al mundo con justicia, por medio del hombre que ha designado. De ello ha dado prueba a todos al levantarlo de entre los muertos» (Hch 17:30-31)[1]. De manera similar, Pablo habla sobre «el día de la ira, cuando Dios revelará su justo

---

[1]Es interesante que Pablo proclamara el juicio eterno a los incrédulos gentiles que tenían poco conocimiento, si alguno, de las enseñanzas del Antiguo Testamento. Pablo también disertó del «juicio venidero» (Hch 24:25) ante otro incrédulo, el gobernador romano Félix. En ambos casos, Pablo aparentemente comprendía que el simple hecho de que se acercaba para todos los hombres el día de comparecer delante de Dios les daría a quienes lo escuchaban una sobria comprensión de que su destino eterno estaba en juego mientras escuchaban predicar sobre Jesús.

juicio» (Ro 2:5). Otros pasajes hablan con claridad de que viene un día de juicio (vea Mt 10:15; 11:22, 24; 12:36; 25:31-46; 1 Co 4:5; Heb 6:2; 2 P 2:4; Judas 6; y otros).

Este juicio final es la culminación de muchos que lo precedieron, en los cuales Dios recompensó la justicia o castigó la injusticia a través de la historia. Mientras trajo bendiciones y liberación del peligro a aquellos que le fueron fieles, incluyendo Abel, Noé, Abraham, Isaac, Jacob, Moisés y David, y los fieles entre el pueblo de Israel, de tiempo en tiempo trajo también juicio sobre aquellos que persistieron en la desobediencia y la incredulidad: sus juicios incluyeron el diluvio, la dispersión del pueblo desde la torre de Babel, los juicios de Sodoma y Gomorra, y los juicios que siguieron a lo largo de la historia, tanto sobre los individuos (Ro 1:18-32) como sobre las naciones (Is 13—23; y otros) que persistieron en el pecado. Por otra parte, en el ámbito espiritual invisible, él trajo juicio sobre los ángeles que pecaron (2 P 2:4). Pedro nos recuerda que los juicios de Dios se han llevado a cabo segura y periódicamente, y nos recuerda que un juicio final viene, pues «el Señor sabe librar de la prueba a los que viven como Dios quiere, y reservar a los impíos para castigarlos en el día del juicio. Esto les espera sobre todo a los que siguen los corrompidos deseos de la naturaleza humana y desprecian la autoridad del Señor» (2 P 2:9-10).

2. ¿Habrá más de un juicio? De acuerdo con el punto de vista dispensacionalista, viene más de un juicio. Por ejemplo, los dispensacionalistas no verían el juicio final en Mateo 25:31-46:

> Cuando el Hijo del hombre venga en su gloria con todos sus ángeles, se sentará en su trono glorioso. *Todas las naciones se reunirán delante de él*, y él separará a unos de otros, como separa el pastor las ovejas de las cabras. Pondrá las ovejas a su derecha y las cabras a su izquierda. Entonces dirá el Rey a los que están a su derecha: «Vengan ustedes, a quienes el Padre ha bendecido; reciban su herencia, el reino preparado para ustedes desde la creación del mundo. Porque tuve hambre… «Les aseguro que todo lo que hicieron por uno de mis hermanos, aun por el más pequeño, lo hicieron por mí». Luego dirá a los que estén a su izquierda: «Apártense de mí, malditos, al fuego eterno preparado para el diablo y sus ángeles. Porque tuve hambre, y ustedes no me dieron nada que comer… «En cuanto no lo hicisteis a uno de estos más pequeños, tampoco a mí lo hicisteis». E irán éstos al castigo eterno, y los justos a la vida eterna.

Desde una perspectiva dispensacionalista, este pasaje no se refiere al juicio final (el «gran trono blanco» del juicio de que se habla en Ap 20:11-15), sino más bien de un juicio que viene tras la tribulación y antes del comienzo del milenio. Dicen que este será un *juicio de las naciones* en el que se juzga a estas de acuerdo a cómo han tratado al pueblo judío durante la tribulación. Aquellos que han tratado bien a los judíos y quieren someterse a Cristo entrarán en el milenio, y a aquellos que no lo han hecho se les negará la entrada.

Desde el punto de vista dispensacionalista hay diferentes juicios: (a) un «juicio de las naciones» (Mt 25:31-46) para determinar quién entra en el milenio; (b) un «juicio de las obras de los creyentes» (llamado a veces juicio *bema* según la palabra griega para «tribunal» del juicio en 2 Co 5:10), en el cual los cristianos recibirán grados de recompensa; y (c) un «gran trono blanco del juicio» al final del milenio (Ap 20:11-15) para declarar castigos eternos para los incrédulos[2].

El punto de vista asumido en este libro es que estos tres pasajes hablan del mismo juicio final, no de tres juicios separados. Con respecto a Mateo 25:31-46 en particular, es aparente que el punto dispensacionalista está equivocado: No se hace mención en este pasaje a entrar al milenio. Por otro lado, los juicios pronunciados no hablan de una entrada al reino milenial sobre la tierra o una exclusión de ese reino, sino de los destinos eternos de las personas: «Reciban su herencia, el reino preparado para ustedes desde la creación del mundo… Apártense de mí, malditos, al fuego eterno preparado para el diablo y sus ángeles… Aquéllos irán al castigo eterno, y los justos a la vida eterna» (vv. 34, 41, 46). Por último, no sería consistente con los caminos de Dios a lo largo de la Escritura manejar el destino de las personas sobre la base de la nación a la que pertenecen, pues naciones que no creen tienen creyentes en su seno, y naciones que se muestran más conformes con la voluntad revelada de Dios tienen todavía muchos impíos en su seno. Y «con Dios no hay favoritismos» (Ro 2:11). Aunque efectivamente «todas las naciones» están reunidas ante el trono de Cristo en esta escena (Mt 25:32), el cuadro es el de un juicio de individuos (las ovejas están separadas de las cabras, y se les da la bienvenida al reino a aquellos individuos que trataron bondadosamente a los hermanos de Cristo, mientras se rechaza a aquellos que los rechazaron, vv. 35-40, 42-45).

B. El momento del juicio final

El juicio final ocurrirá después del milenio y la rebelión que tiene lugar al final de este. Juan describe el reino milenial y la remoción de la influencia de Satanás sobre la tierra en Apocalipsis 20:1-6 (vea la discusión en los dos capítulos anteriores) y entonces dice que «Cuando se cumplan los mil años, Satanás será liberado de su prisión, y saldrá para engañar a las naciones…a fin de reunirlas para la batalla» (Ap 20:7-8). Tras derrotar Dios esta rebelión final (Ap 20:9-10), Juan nos dice que seguirá un juicio: «Luego vi un gran trono blanco y a alguien que estaba sentado en él» (v. 11).

C. La naturaleza del juicio final

1. Jesucristo será el juez. Pablo habla de que Cristo Jesús «juzgará a los vivos y a los muertos» (2 Tim 4:1). Pedro dice: Jesucristo «ha sido nombrado por Dios como juez de vivos y muertos» (Hch 10:42; compare 17:31; Mt 25:31-33). Este derecho de actuar como juez sobre todo el universo es algo que el Padre le ha dado al Hijo: «El Padre… le ha dado autoridad para juzgar, puesto que es el Hijo del hombre» (Jn 5:26-27).

2. Se juzgará a los incrédulos. Está claro que todos los incrédulos comparecerán ante Cristo para ser juzgados, pues este juicio incluye a «los muertos, grandes y pequeños»

---

[2]Lewis Sperry Chafer, *Systematic Theology*, 7:213-17, quien incluye otros juicios.

(Ap 20:12), y Pablo dice que «el día de la ira, cuando Dios revelará su justo juicio... «Dios pagará a cada uno según merezcan sus obras»... los que por egoísmo rechazan la verdad para aferrarse a la maldad, recibirán el gran castigo de Dios» (Ro 2:5-7).

Este juicio de los incrédulos incluirá *grados de castigo*, porque leemos que se juzgará a los muertos «según lo que habían hecho» (Ap 20:12, 13), y este juicio de acuerdo con lo que las personas hubieran hecho debe, en consecuencia, incluir una evaluación de las obras que estas hayan hecho.[3] De igual manera, Jesús dice:

> El siervo que conoce la voluntad de su señor, y no se prepara para cumplirla, recibirá muchos golpes. En cambio, el que no la conoce y hace algo que merezca castigo, recibirá pocos golpes» (Lc 12:47-48).

Cuando Jesús dice a las ciudades de Corazín y Betsaida: «Pero les digo que en el día del juicio será más tolerable el castigo para Tiro y Sidón que para ustedes» (Mt 11:22; compare v. 24), o cuando dice que los maestros de la ley «recibirán *peor castigo*» (Lc 20:47), implica que habrá grados de castigo en el día final.

De hecho, toda mala acción será recordada y tomada en cuenta en el castigo que se asigne ese día, pues «en el día del juicio todos tendrán que dar cuenta de toda palabra ociosa que hayan pronunciado» (Mt 12:36). Toda palabra pronunciada, toda acción realizada se expondrá a la luz y será juzgada: «Porque Dios traerá toda obra a juicio, juntamente con toda cosa encubierta, sea buena o sea mala» (Ec 12:14).

Como indican estos versículos, en el día del juicio se revelarán y se harán públicos los secretos de los corazones de las personas. Pablo habla del día cuando «por medio de Jesucristo, Dios juzgará los secretos de toda persona» (Ro 2:16; compare Lc 8:17). Por consiguiente, «todo lo que ustedes han dicho en la oscuridad se dará a conocer a plena luz, y lo que han susurrado a puerta cerrada se proclamará desde las azoteas» (Lc 12:2-3).

3. Se juzgará a los creyentes. Escribiéndole a los cristianos Pablo dice: «*¡Todos tendremos que comparecer ante el tribunal de Dios!*... Así que cada uno de nosotros tendrá que dar cuentas de sí a Dios» (Ro 14:10, 12). También le dice a los corintios: «*Porque es necesario que todos comparezcamos ante el tribunal de Cristo, para que cada uno reciba lo que le corresponda, según lo bueno o malo que haya hecho mientras vivió en el cuerpo*» (2 Co 5:10; cf. Ro 2:6-11; Ap 20:12, 15). Por añadidura, la reseña del juicio final en Mateo 25:31-46 incluye a Cristo separando las ovejas de las cabras, y premiando a aquellos que reciben su bendición.

Es importante tener en cuenta que este juicio de los creyentes será un juicio para evaluar y conceder varios grados de recompensa (vea posteriormente), pero el hecho de que enfrentarán tal juicio nunca debe hacer temer a los creyentes que serán eternamente condenados. Jesús dijo: «El que oye mi palabra y cree al que me envió, tiene vida eterna *y no será juzgado*, sino que ha pasado de la muerte a la vida» (Jn 5:24). Aquí «juicio» debe

---

[3]El hecho de que habrá grados de castigo para los incrédulos de acuerdo con sus obras no significa que los creyentes puedan alguna vez hacer méritos para obtener la aprobación de Dios o ganar su salvación, pues la salvación solo llega como una dádiva gratuita para aquellos que confían en Cristo. «El que cree en él no es condenado, pero el que no cree ya está condenado por no haber creído en el nombre del Hijo unigénito de Dios» (Jn 3:18).

ser entendido en el sentido de eterna condenación y muerte, pues contrasta con el paso de la muerte a la vida. En el día del juicio final, más que en ningún otro momento, es de suprema importancia que no haya «*ninguna condenación para los que están unidos a Cristo Jesús*» (Ro 8:1). Por lo que el día del juicio puede ser descrito como uno en el que los creyentes son recompensados y los incrédulos castigados:

> Las naciones se han enfurecido; pero ha llegado tu castigo, el momento de juzgar a los muertos, *y de recompensar a tus siervos* los profetas, a tus santos y a los que temen tu nombre, sean grandes o pequeños, y de destruir a los que destruyen la tierra. (Ap 11:18)

¿Serán también reveladas ese día todas las palabras secretas y las obras de los creyentes, y todos sus pecados? Puede que pensemos eso al principio, porque Pablo dice que cuando el Señor venga «*sacará a la luz lo que está oculto en la oscuridad* y pondrá al descubierto las intenciones de cada corazón. Entonces cada uno recibirá de Dios la alabanza que le corresponda» (1 Co 4:5; compare Col 3:25). No obstante, este es un contexto que habla de «encomios», o alabanzas (*epainos*), que vienen de Dios, de manera que no debe referirse a los pecados. Y otros versículos sugieren que Dios nunca más recordará nuestros pecados: «Arroja al fondo del mar todos nuestros pecados» (Mi 7:19); «tan lejos de nosotros echó nuestras transgresiones» (Sal 103:12); «*Yo soy el que por amor a mí mismo borra tus transgresiones*» (Is 43:25); «*Nunca más me acordaré de sus pecados*» (Heb 8:12; compare 10:17).

La Escritura enseña también que habrá *grados de recompensa para los creyentes*. Pablo anima a los corintios a cuidar cómo construyen la iglesia sobre el fundamento que ya está puesto, Jesucristo mismo.

> Si alguien construye sobre este fundamento, ya sea con oro, plata y piedras preciosas, o con madera, heno y paja, su obra se mostrará tal cual es, pues el día del juicio la dejará al descubierto. El fuego la dará a conocer, y pondrá a prueba la calidad del trabajo de cada uno. Si lo que alguien ha construido permanece, recibirá su recompensa, pero si tu obra es consumida por las llamas, él sufrirá pérdida. Será salvo, pero como quien pasa por el fuego». (1 Co 3:12-15)

De forma similar, Pablo dice de los cristianos que «es necesario que todos comparezcamos ante el tribunal de Cristo, para que cada uno reciba lo que le corresponda, *según lo bueno o malo que haya hecho mientras vivió en el cuerpo*» (2 Co 5:10), aplicando de nuevo grados de recompensa por lo que hayamos hecho en esta vida. Asimismo, en la parábola del dinero, a quien hizo diez veces más se le dijo: «Te doy el gobierno de diez ciudades», y al que hizo cinco veces más se le dijo: «A ti te pongo sobre cinco ciudades» (Lucas 19:17, 19). Muchos otros pasajes implican o enseñan lo mismo sobre la recompensa de los creyentes en el juicio final[4].

---

[4]Vea también Dn 12:2; Mt 6:10, 20-21; 19:21; Lc 6:22-23; 12:18-21, 32, 42-48; 14:13-14; 1 Co 3:8, 9:18; 13:3, 15:19, 29-32, 58; Gá 6:9-10; Ef 6:7-8; Fil 4:17; Col 3:12-24; 1 Tim 6:18; Heb 10:34, 35; 11:10, 14-16, 26, 35; 1 P 1:4; 2 Jn 8; Ap 11:18; 22:12; cf. también Mt 5:46; 6:2-6, 16-18, 24; Lc 6:35.

Pero debemos guardarnos de cualquier mal entendido aquí: Aunque habrá grados de recompensa en el cielo, el gozo de una persona será completo y pleno para la eternidad. Si preguntamos cómo puede ser esto si hay diferentes grados de recompensa, ello simplemente muestra que nuestra percepción de la felicidad está basada en la suposición de que ella depende de lo que poseemos o del estatus o el poder que tengamos. Sin embargo, en realidad nuestra verdadera felicidad consiste en deleitarnos en Dios y regocijarnos en el estatus y el reconocimiento que se nos han dado. Lo tonto de la idea que solo aquellos que han sido muy recompensados y se les ha dado un gran estatus serán completamente felices en el cielo se descubre cuando nos damos cuenta que no importa lo grande que sea la recompensa que se nos dé, habrá siempre aquellos con mayores recompensas, o quienes tienen una autoridad y estatus más alto, incluyendo los apóstoles, las criaturas celestiales, y Jesucristo y el mismo Dios. Por lo tanto, si el estatus más elevado fuera esencial para que las personas fueran completamente felices, nadie sino Dios sería plenamente feliz en el cielo, lo que ciertamente es una idea incorrecta. Por otro lado, aquellos con mayores recompensas y honores en el cielo, aquellos que están más cerca del trono de Dios, se deleitan no en su estatus, sino solo en el privilegio de caer delante del trono de Dios y adorarlo (vea Ap 4:10-11).

Nos sería moral y espiritualmente beneficioso tener una mayor consciencia de esta clara enseñanza del Nuevo Testamento sobre los grados de recompensa celestial. En lugar de establecer una competencia unos con otros, esto haría que nos ayudáramos y nos alentáramos mutuamente a fin de que todos aumentáramos nuestra recompensa celestial, pues Dios tiene una capacidad infinita para concedernos bendiciones a todos, y todos somos miembros del cuerpo de Cristo. (cf. 1 Co 12:26-27). Deberíamos atender con mayor cuidado la admonición del autor de Hebreos: *«Preocupémonos los unos por los otros, a fin de estimularnos al amor y a las buenas obras. No dejemos de congregarnos, como acostumbran hacerlo algunos, sino animémonos unos a otros, con mayor razón ahora que vemos que aquel día se acerca»* (Heb 10:24-25). Por otra parte, una búsqueda sincera en nuestras propias vidas de una futura recompensa celestial nos motivará a trabajar de todo corazón para el Señor en cualquier tarea que él nos llame a realizar, ya sea grande o pequeña, pagada o no. Esto también nos hará desear su aprobación más que la riqueza o el éxito. Esto también nos motivará a trabajar en la construcción de la iglesia sobre un fundamento, Jesucristo (1 Co 3:10-15).

4. Se juzgará a los ángeles. Pedro dice que se ha arrojado a los ángeles rebeldes a tenebrosas cavernas «reservándolos para el juicio» (2 P 2:4), y Judas dice que Dios tiene a los ángeles rebeldes perpetuamente encarcelados «para el juicio del gran Día» (Judas 6). Esto significa que por menos los ángeles *rebeldes* o demonios también estarán sujetos a juicio en ese día final.

La Biblia no indica claramente si los ángeles justicieros también pasarán por algún tipo de evaluación de sus servicios, pero es posible que estén incluidos en la declaración de Pablo: «¿No saben que aun a los ángeles los juzgaremos?» (1 Co 6:3). Es probable que esto incluya a los ángeles justicieros porque en el contexto no hay ninguna indicación que Pablo hable de demonios o ángeles caídos, y la palabra «ángel» sin otro adjetivo se entendía normalmente en el Nuevo Testamento como referida a los ángeles justicieros. Pero el texto no es lo suficientemente explícito como para darnos alguna certeza.

5. Ayudaremos en la obra del juicio. Es un aspecto asaz asombroso de la enseñanza del Nuevo Testamento que nosotros (los creyentes) tomaremos parte en el proceso del juicio. Pablo dice:

> ¿Acaso no saben que *los creyentes juzgarán al mundo*? Y si ustedes han de juzgar al mundo, ¿cómo no van a ser capaces de juzgar casos insignificantes? ¿No saben que *aun a los ángeles los juzgaremos*? ¡Cuánto más los asuntos de esta vida! (1 Co 6:2-3)

Se podría argumentar que esto simplemente significa que estaremos observando las declaraciones de Cristo en el juicio y aprobándolas, pero no parece que esto se ajusta bien al contexto, pues aquí Pablo alienta a los corintios a zanjar las disputas legales entre ellos mismos en lugar de llevarlas al tribunal delante de los incrédulos. En este mismo contexto dice: «¿Acaso no hay entre ustedes alguien lo bastante sabio como para juzgar un pleito entre creyentes? Al contrario, un hermano demanda a otro, ¡y esto ante los incrédulos!» (1 Co 6:5-6). Este tipo de juicio supone ciertamente una cuidadosa evaluación y un sabio discernimiento. Y esto implica que esa cuidadosa evaluación y discernimiento serán ejercitados por nosotros al juzgar los ángeles y al juzgar el mundo el día del juicio final.

Esto es similar a la enseñanza de Apocalipsis 20, donde Juan dice que vio tronos, «donde se sentaron *los que recibieron autoridad para juzgar*» (Ap 20:4). Aunque el texto no explica la identidad de aquellos que estaban sentados sobre los tronos, el hecho de que se les mencione en plural indica que Cristo no se reserva solo para sí mismo todos los aspectos del proceso del juicio. Por cierto, le dice a sus doce discípulos que ellos «se sentarán en doce tronos para gobernar a las doce tribus de Israel» (Mt 19:28; compare Lc 22:30). Esto concuerda con el hecho de que a través de la historia de la redención Dios ha puesto de tiempo en tiempo en manos de las autoridades humanas el derecho de juzgar, tanto en manos de Moisés y los ancianos que lo asistían, como de los jueces de Israel que Dios levantó durante el período de los jueces, reyes sabios como David y Salomón, el gobierno civil de muchas naciones (vea Ro 13:1-7; 1 P 2:13-14), o aquellos que tienen autoridad para gobernar dentro de la iglesia y supervisar el ejercicio de la disciplina eclesiástica.

D. Necesidad de un juicio final

Como cuando los creyentes mueren pasan inmediatamente a la presencia de Dios, y cuando los incrédulos mueren pasan a un estado de separación de Dios, de sufrimiento y castigo, podemos preguntarnos por qué Dios ha establecido de todas maneras un tiempo de juicio final. Berkhof señala atinadamente que el juicio final no tiene como propósito permitir a Dios averiguar la condición de nuestros corazones o la norma de conducta de nuestras vidas, pues ya él conoce eso en todo detalle. Berkhof dice más bien del juicio final:

Antes bien, este servirá al propósito de exhibir ante todas las criaturas racionales la gloria manifiesta de Dios en una acción forense formal, la que magnifica su santidad y justicia, y por otro lado, su gracia y misericordia. Por otra parte, debe tenerse presente que el juicio del día final diferirá del juicio de la muerte de cada individuo en más de un respecto. No será secreto, sino público; no se aplicará solo al alma, sino también al cuerpo; no tendrá relación con un solo individuo, sino con todos los hombres[5].

E. La justicia de Dios en el juicio final

La Escritura claramente afirma que Dios será enteramente justo en su juicio y nadie será capaz de quejarse contra él ese día. Dios es alguien que «juzga con imparcialidad las obras de cada uno» (1 P 1:17), «porque con Dios no hay favoritismos» (Ro 2:11; compare Col 3:25). Por esta razón, el último día «que todo el mundo se calle la boca y quede convicto delante de Dios» (Ro 3:19), sin que nadie sea capaz de quejarse de que Dios lo haya tratado injustamente. De hecho, una de las grandes bendiciones del juicio final será que los santos y los ángeles verán demostrada en millones de vidas la absolutamente pura justicia de Dios, y esto será motivo de alabanza hacia él por toda la eternidad. En el momento del juicio a la impía Babilonia, habrá gran alabanza en el cielo, pues Juan dice: «Después de esto oí en el cielo un tremendo bullicio, como el de una inmensa multitud que exclamaba: «¡Aleluya! La salvación, la gloria y el poder son de nuestro Dios, pues sus juicios son verdaderos y justos»» (Ap 19:1-2).

F. Utilidad moral del juicio final

La doctrina del juicio final tiene varias influencias morales positivas en nuestras vidas.

1. La doctrina del juicio final satisface nuestra íntima necesidad de justicia en el mundo. El hecho de que habrá un juicio final nos asegura que el universo de Dios es a la postre *justo*, pues Dios está al mando, mantiene un registro preciso y provee un juicio justo. Cuando Pablo le dice a los esclavos que se sometan a sus amos, les asegura: «El que hace el mal pagará por su propia maldad, y en esto no hay favoritismos» (Col 3:25). Cuando la descripción del juicio final menciona el hecho de que «se abrieron unos libros» (Ap 20:12; compare Mal 3:16), esto nos recuerda (ya sean los libros literales o simbólicos) que Dios ha mantenido un registro permanente y preciso de todas nuestras obras, y que en última instancia se saldarán todas las cuentas y todo se corregirá.

2. La doctrina del juicio final nos permite perdonar sin inhibiciones a los demás. Nos damos cuenta de que no nos pertenece vengarnos de otros que nos han hecho daño, o aun querer hacerlo, pues Dios ha reservado ese derecho para sí mismo. «No tomen venganza, hermanos míos, sino dejen el castigo en manos de Dios, porque está escrito: "Mía es la venganza; yo pagaré"» (Ro 12:19). De esta manera, cuando se nos haya hecho daño, podemos dejar en manos de Dios cualquier deseo de perjudicar o pagarle a la persona que nos haya dañado, sabiendo que todo mal en el universo tendrá su paga,—ya sea que

---

[5] Louis Berkhof, *Systematic Theology*, (Grand Rapids: Eerdmans, 1939, 1941), p. 731.

se demuestre que ha sido pagado por Cristo cuando murió en la cruz (si el que hizo mal se convierte en cristiano), o será pagado en el juicio final (por aquellos que no confían en Dios para salvarse). Pero en cualquier caso debemos poner la situación en manos de Dios, y entonces orar porque el pecador confíe en Cristo para su salvación y así reciba el perdón de sus pecados. Este pensamiento debe impedirnos albergar amarguras o resentimientos en nuestros corazones por injusticias que hayamos sufrido y no se hayan corregido. Dios es justo, y podemos dejar estas situaciones en sus manos, sabiendo que él corregirá todos los males y dispensará recompensas y castigos absolutamente justos. De esta manera seguimos el ejemplo de Cristo, quien «cuando proferían insultos contra él, no replicaba con insultos; cuando padecía, no amenazaba, *sino que se entregaba a aquel que juzga con justicia*» (1 P 2:22-23). Él también oró: «Padre, perdónalos, porque no saben lo que hacen» (Lc 23:34; compare Hch 7:60, donde Esteban siguió el ejemplo de Jesús al orar por aquellos que le ocasionaban la muerte).

3. La doctrina del juicio final provee un motivo para una vida honesta. Para los creyentes, el juicio final es un incentivo para la fidelidad y las buenas obras, no como medio de ganar el perdón de sus pecados, sino como un medio de obtener una mayor recompensa eterna[6]. Este es un motivo bueno y saludable para nosotros —Jesús nos dice: «Acumulen para sí tesoros en el cielo» (Mt 6:20)— aunque se oponga a los populares puntos de vista de nuestra cultura secular, una cultura que realmente no cree en lo absoluto en el cielo o en recompensas eternas.

Para los incrédulos, la doctrina del juicio final provee algún freno moral en sus vidas. Si en una sociedad existe un amplio reconocimiento de que todos algún día rendirán cuentas al Creador del universo por sus vidas, algún «temor de Dios» caracterizará la vida de muchas personas. Por contraste, los que no tienen una conciencia profunda del juicio final se entregarán a males cada vez mayores, demostrando que «*No hay temor de Dios* delante de sus ojos» (Ro 3:18). Aquellos que niegan el juicio final, dice Pedro, serán «gente burlona que, *siguiendo sus malos deseos*, se mofarán: ¿Qué hubo de esa promesa de su venida?» (2 P 3:3-4). Pedro también declara que los pecadores a quienes «les parece extraño que ustedes ya no corran con ellos en ese mismo desbordamiento de inmoralidad, y por eso los insultan» aun así «tendrán que rendirle cuentas a aquel que está preparado para juzgar a los vivos y a los muertos» (1 P 4:4-5). La conciencia de un juicio final es consolación para los creyentes y una advertencia para los incrédulos de que no se mantengan en el mal camino.

4. La doctrina del juicio final ofrece un gran motivo para la evangelización. Las decisiones que toman las personas en esta vida afectarán su destino para toda la eternidad, y es correcto que nuestros corazones sientan y nuestras bocas se hagan eco del sentimiento que encierra el llamamiento de Dios a través de Ezequiel: «*¡Conviértete, pueblo de Israel; conviértete de tu conducta perversa!*» (Ez 33:11). En realidad, Pedro indica que la demora del regreso del Señor se debe al hecho de que Dios «no quiere que nadie perezca sino que todos se arrepientan» (2 P 3:9).

---

[6]La idea de trabajar por una recompensa celestial mayor es un tema frecuente en el Nuevo Testamento: vea los versículos relacionados en la nota 4.

G. El infierno

Resulta apropiado discutir la doctrina del infierno en conexión con la doctrina del juicio final. Definiríamos el infierno como sigue: *El infierno es un lugar de castigo eterno consciente para los impíos.* La Escritura enseña en varios pasajes que hay un lugar como ese. Al final de la parábola del dinero, el señor dice: «A ese siervo inútil échenlo afuera, a la oscuridad, donde habrá llanto y rechinar de dientes» (Mt 25:30). Esta es una entre varias indicaciones de que habrá consciencia del castigo tras el juicio final. De manera similar, en el juicio el rey dirá a algunos: «Apártense de mí, malditos, al fuego eterno preparado para el diablo y sus ángeles» (Mt 25:41), y Jesús dice que aquellos así condenados «irán al castigo eterno, y los justos a la vida eterna» (Mt 25:46)[7]. En este texto, el paralelo entre «vida eterna» y «eterno castigo» indica que ambos estados no tendrán fin[8].

Jesús se refiere al infierno como un lugar «donde el fuego nunca se apaga» (Mr 9:43), y dice que el infierno es un sitio donde «su gusano no muere, y el fuego nunca se apaga» (Mr 9:48)[9]. La historia de Lázaro y el hombre rico también indica una horrible consciencia del castigo:

> Resulta que murió el mendigo, y los ángeles se lo llevaron para que estuviera al lado de Abraham. También murió el rico, y lo sepultaron. En el infierno, en medio de los tormentos, el rico levantó los ojos y vio de lejos a Abraham, y a Lázaro junto a él. Así que alzó la voz y lo llamó: «Padre Abraham, ten compasión de mí y manda a Lázaro que moje la punta del dedo en agua y me refresque la lengua, porque estoy sufriendo mucho en este fuego» (Lc 16:22-24).

Entonces ruega a Abraham que mande a Lázaro a casa de su padre, «para que advierta a mis cinco hermanos y no vengan ellos también *a este lugar de tormento*» (Lc 16:28). Cuando nos volvemos a Apocalipsis, las descripciones del castigo eterno son también muy explícitas:

> Si alguien adora a la bestia y a su imagen, y se deja poner en la frente o en la mano la marca de la bestia, beberá también el vino del furor de Dios, que en la copa de su ira está puro, no diluido. Será atormentado con fuego y azufre, en presencia de los santos ángeles y del Cordero. *El humo de ese tormento sube por los siglos de los siglos. No habrá descanso ni de día ni de noche para el que adore a la bestia y su imagen*, ni para quien se deje poner la marca de su nombre. (Ap 14:9-11)

Este pasaje confirma claramente la idea de un castigo eterno consciente de los incrédulos.

Con respecto al juicio de la malvada ciudad de Babilonia, una gran multitud en el cielo exclama: «¡Aleluya! *El humo de ella sube por los siglos de los siglos.* Tras la derrota de

---

[7]La palabra traducida «castigo» aquí es *kolasis*, la cual se utiliza en otro sitio como sufrimiento físico o tortura sufrida por los cristianos perseguidos (*Martyrdom of Policarp 2.4*; compare Ignacio: *A los Romanos 5.3*). En otros momentos simplemente se refiere al castigo divino en general, sin especificar la naturaleza de ese castigo (cf. BAGD, pp. 440-41).

[8]Estos textos y otros que se citarán en los siguientes párrafos indican claramente que la Biblia no enseña el *universalismo* (la doctrina de que todos al final serán salvados).

[9]Compare Is 66:24, que habla de aquellos que se han rebelado contra Dios: «Porque no morirá el gusano que los devora, ni se apagará el fuego que los consume».

la rebelión final de Satanás, leemos: «El diablo, que los había engañado, será arrojado al lago de fuego y azufre, donde también habrán sido arrojados la bestia y el falso profeta. *Allí serán atormentados día y noche por los siglos de los siglos*» (Ap 20:10). Este pasaje también es significativo en conexión con Mt 24:41, según el cual se envía a los incrédulos «al fuego eterno preparado para el diablo y sus ángeles». Estos versículos deben hacernos tomar consciencia de la magnitud de la santidad y la justicia de Dios que invoca este tipo de castigo.

Algunos teólogos evangélicos han negado recientemente la idea de que habrá un castigo eterno consciente de los incrédulos[10]. Antes, la Iglesia Adventista del Séptimo Día lo había negado, así como varios individuos a lo largo de la historia de la iglesia. Aquellos que niegan un castigo eterno consciente invocan a menudo el «aniquilacionismo», una enseñanza según la cual los impíos han sufrido el castigo de la ira de Dios por un tiempo, Dios los «aniquilará» de manera que dejen de existir[11]. Muchos que creen en el aniquilacionismo también sostienen que el juicio final y el castigo del pecado son reales, pero arguyen que después que los pecadores hayan sufrido durante cierto período de tiempo, soportando la ira de Dios por sus pecados, al final dejarán de existir. El castigo será por lo tanto «consciente» pero no «eterno».

Los argumentos que se proponen a favor del aniquilacionismo son: (1) las referencias bíblicas a la destrucción de los impíos, las que, dicen algunos, implican que dejarán de existir después que se les destruya (Fil 13:19; 1 Ts 1:9; 2 P 3:7; y otras); (2) la aparente inconsistencia entre el castigo eterno consciente y el *amor de Dios*; (3) la aparente injusticia que encierra la desproporción entre pecados cometidos durante un tiempo y un pecado que es eterno; y (4) el hecho de que la *continua presencia de criaturas malvadas en el universo de Dios* arruinará eternamente la perfección de un universo que Dios creó para reflejar su gloria.

En respuesta, se debe decir que los pasajes que hablan de *destrucción* (tales como Fil 3:19; 1 Ts 5:3, 2; 2 Ts 1:9 y 2 P 3:7) no implican necesariamente el cese de la existencia, pues el término que en estos pasajes se usa para «destrucción» no supone necesariamente el cese de la existencia o la aniquilación, sino que simplemente son maneras de referirse a los dañinos y destructores efectos del juicio final sobre los incrédulos[12].

Con respecto al argumento del amor de Dios, la misma dificultad de reconciliar el amor de Dios con un castigo eterno parece estar presente al reconciliar el amor de Dios

[10]Vea Philip E. Hughes, *The True Image: The Origen and Destiny of Man in Christ* (Grand Rapids: Eerdmans, 1989), pp. 405-407; David L. Edwards and John R. W. Stott, *Essentials: A Liberal-Evangelical Dialogue* (Londres: Hodder and Stoughton, 1988), pp. 275-76; Clark Pinnock, «The Destruction of the Finally Impenitent», *CThRev* 4 (Spring 1990), pp. 243-59.

[11]Una variante del punto de vista de que Dios eventualmente aniquilará a los incrédulos (aniquilacionismo en sentido estricto) es el punto de vista llamado «*inmortalidad condicional*», la idea de que Dios ha creado a las personas de manera que solo pueden ser inmortales (la potestad de vivir para siempre) si aceptan a Cristo como Salvador. Entonces, aquellos que no se vuelven cristianos, no tienen el don de la inmortalidad, y con la muerte o en el momento del juicio final simplemente dejan de existir. Este punto de vista está muy cerca del aniquilacionismo, y no lo he discutido de manera separada en este capítulo. (Algunas versiones de la inmortalidad condicional niegan el castigo consciente del todo, aun por un breve período de tiempo).

[12]En Fil 3:19 y 2 P 3:7, el término que se traduce «destrucción» es *apoleia*, que es la misma palabra utilizada por los discípulos en Mt 26:8 para hablar de «desperdicio» (desde su punto de vista) del aceite que acababan de derramar sobre la cabeza de Jesús. Ahora, el aceite no dejó de existir; estaba evidentemente sobre la cabeza de Jesús. Pero había sido «destruido» en el sentido que ya no se le podía utilizar para nada más, o vendido. En 1 Ts 5:3 y 2 Ts 1:9 otra palabra, *olethros* se utiliza para la destrucción de los malvados, pero de nuevo esta palabra no implica que algo dejaría de existir, pues se usa en 1 Co 5:5 para indicar que se entrega a un hombre a Satanás (sacándolo de la iglesia) para *destrucción* de la carne —pero ciertamente la carne no dejó de existir cuando se le expulsó de la iglesia, aun cuando este puede haber sufrido en su cuerpo (esto sería cierto ya sea que interpretemos «carne» como el cuerpo físico o como su naturaleza pecadora).

con la idea del castigo divino en general, y, a la inversa (como la Escritura abundantemente testifica), es consistente que Dios castigue al impío durante un cierto período de tiempo después del juicio, entonces parece que no hay motivo necesario por el que sería inconsistente que Dios inflingiera el mismo castigo durante un período de tiempo ilimitado.

Este tipo de razonamiento puede llevar a algunas personas a adoptar otro tipo de aniquilacionismo, uno en el que no hay sufrimiento consciente alguno, ni aun durante un breve período de tiempo, y el único castigo es que los incrédulos dejan de existir después que mueren. Pero, en respuesta, se podría preguntar si este tipo de aniquilación inmediata se puede llamar un castigo, pues no habría consciencia del dolor. De hecho, la garantía de que habría un cese de la existencia le parecería a mucha gente, especialmente a aquellos que sufren y están en dificultades en esta vida, una alternativa de cierta manera deseable. Y si no hubiera castigo de los incrédulos del todo, aun gente como Hitler y Stalin no tendrían que enfrentar nada, y no habría justicia final en el universo. Entonces la gente tendría grandes incentivos para ser tan malvada como fuera posible en esta vida.

El argumento de que el castigo *eterno* es injusto (porque hay una desproporción entre un pecado temporal y un castigo eterno) asume equivocadamente que conocemos la extensión del mal causado cuando los pecadores se rebelan contra Dios. David Kingdon observa que «el pecado contra el Creador es atroz en un grado absolutamente fuera de nuestra capacidad imaginativa [habilidad] corrompida por el pecado para concebirlo… ¿Quién tendría la temeridad de sugerir a Dios cuál debe ser el castigo?»[13]. Él responde también a esta objeción al sugerir que los incrédulos en el infierno puede que sigan pecando y recibiendo castigo por sus pecados, pero sin arrepentirse nunca, y nota que Apocalipsis 22:11 apunta en esta dirección: «Deja que el malo siga haciendo el mal y que el vil siga envileciéndose»[14].

Por otra parte, en este punto, un argumento basado en la justicia de Dios puede formularse contra el aniquilacionismo. ¿Acaso el breve castigo que imaginan los aniquilacionistas de hecho *paga* por todos los pecados del incrédulo y satisface la justicia de Dios? Si no lo paga, entonces no se ha satisfecho la justicia de Dios y el incrédulo no debe ser aniquilado. Pero si lo paga, se le debe permitir al incrédulo ir al cielo, y no debe ser aniquilado. En ambos casos, el aniquilacionismo no es necesario ni correcto.

En lo que respecta al cuarto argumento, mientras el mal *que permanece sin castigo* sí empaña la justicia de Dios en el universo, también debemos reconocer que cuando Dios *castiga* el mal y triunfa sobre él, se verá triunfar la gloria de su justicia, rectitud y poder sobre toda oposición (Ro 9:17, 22-24). La profundidad y riqueza de la misericordia de Dios también se revelará, pues todos los pecadores redimidos reconocerán que ellos también merecen ese castigo divino y solo lo han evitado por la gracia de Dios a través de Jesucristo (cf. Ro 9:23-24).

Pero después que todo esto se ha dicho, tenemos que admitir que la solución final de lo hondo de esta cuestión yace mucho más allá de nuestra capacidad de comprensión, y permanece escondida en los consejos de Dios. Si no fuera por los pasajes de la Biblia

---

[13]David Kingdon, «Aniquilacionismo: ¿Ganancia o Pérdida?» (Marzo, 1992, artículo no publicado obtenido por el autor), p. 9.

[14]Ibíd., pp. 9-10.

citados antes, que con tanta claridad confirman un castigo eterno consciente, el aniquilacionismo podría parecernos una opción atractiva. Aunque se puede ir en contra del aniquilacionismo con argumentos teológicos, son la claridad y fuerza de estos pasajes los que en última instancia nos convencen de que el aniquilacionismo es incorrecto y que la Escritura de veras enseña el castigo eterno consciente de los impíos[15].

¿Qué debemos pensar de esta doctrina? Es difícil —y debe ser difícil— para nosotros pensar en esta doctrina hoy. Si nuestros corazones nunca se conmueven con una pena profunda cuando contemplamos esta doctrina, entonces nuestra sensibilidad espiritual y emocional tiene serias deficiencias. Cuando Pablo piensa en el extravío de sus congéneres judíos, dice: «Me invade una *gran tristeza* y me embarga un *continuo dolor*» (Ro 9:2). Esto es consistente con lo que Dios nos dice de su propia tristeza por la muerte del malvado: «Tan cierto que como yo vivo —afirma el SEÑOR omnipotente—, que no me alegro con la muerte del malvado, sino con que se convierta de su mala conducta y viva. ¡Conviértete, pueblo de Israel; conviértete de tu conducta perversa! ¿Por qué habrás de morir?» (Ez 33:11). Y la agonía de Jesús es evidente cuando clama: «¡Jerusalén, Jerusalén, que matas a los profetas y apedreas a los que se te envían! ¡Cuántas veces quise reunir a tus hijos, como reúne la gallina a sus pollitos debajo de sus alas, pero no quisiste! Pues bien, la casa de ustedes va a quedar abandonada». (Mt 23:37-38; cf. Lc 19:41-42).

La razón de que sea difícil para nosotros pensar en la doctrina del infierno es porque Dios ha puesto en nuestros corazones una porción de su amor por los individuos creados a su imagen, aun de su amor por los pecadores que se han rebelado contra él. Todo el tiempo que estemos en esta vida, y todo el tiempo que veamos y pensemos en otros que necesitan oír el evangelio y confiar en Cristo para su salvación, nos causará gran angustia y agonía de espíritu pensar sobre un castigo eterno. Pero también debemos darnos cuenta de que todo lo que Dios en su sabiduría ha ordenado y enseñado en la Escritura es *justo*. Por lo tanto, debemos ser cuidadosos de no odiar esta doctrina o rebelarnos contra ella, sino más bien debemos tratar de llegar al punto, hasta donde seamos capaces, en que reconozcamos que el eterno castigo es bueno y justo, porque en Dios no hay, en absoluto, injusticia. Esto puede ayudarnos a comprender que si Dios no fuera a ejecutar un castigo eterno, entonces, aparentemente, no sería satisfecha su justicia y su gloria no se promovería de la manera que él considera sabia. Y también quizá pueda ayudarnos a comprender que desde la perspectiva del mundo por venir hay un reconocimiento mucho mayor de la necesidad y justicia de un castigo eterno. Juan escucha clamar a los creyentes martirizados en el cielo: «¿Hasta cuándo, Soberano Señor, santo y veraz, seguirás sin juzgar a los habitantes de la tierra y sin vengar nuestra muerte?» (Ap 6;10). Por otro lado, a la destrucción final de Babilonia, el tremendo bullicio de una gran multitud en el cielo exclama con alabanzas a Dios por la justicia de su juicio cuando al final ven la aborrecible naturaleza del mal tal cual realmente es:

---

[15]Debido a que la doctrina del castigo eterno consciente es tan ajena a nuestros patrones culturales, y, a un nivel más profundo, a la inclinación intuitiva que Dios nos ha dado de amar y desear la redención para todo ser humano creado a la imagen divina, esta doctrina es una de las más difíciles de declarar emocionalmente por los cristianos hoy. También tiende a ser una de las doctrinas que primero abandonan las personas que se apartan del compromiso de aceptar la Biblia como absolutamente veraz en todo lo que afirma. Entre los teólogos liberales que no aceptan la absoluta veracidad de la Biblia, no hay probablemente uno que crea hoy en la doctrina del eterno castigo consciente.

¡Aleluya! La salvación, la gloria y el poder son de nuestro Dios, pues sus juicios son verdaderos y justos: ha condenado a la famosa prostituta que con sus adulterios corrompía la tierra; ha vindicado la sangre de los siervos de Dios derramada por ella... ¡Aleluya! El humo de ella sube por los siglos de los siglos». (Ap 19:1-3)

Tan pronto como esto sucedió, «los veinticuatro ancianos y los cuatro seres vivientes se postraron y adoraron a Dios, que está sentado en el trono, y dijeron: "¡Amén, Aleluya!"» (Ap 19:4). No podemos decir que esta gran multitud de los redimidos y las criaturas vivientes en el cielo pronuncian un juicio moral equivocado cuando alaban a Dios por ejecutar su justicia sobre el mal, pues todos ellos están libres de pecado y sus enjuiciamientos morales complacen a Dios.

Sin embargo, en la era presente, solo debemos acercarnos a una celebración como esa de la justicia de Dios en el castigo del mal cuando meditamos sobre el eterno castigo dado a Satanás y sus demonios. Pero ahora están completamente dedicados al mal y más allá de una potencial redención. Así que no podemos anhelar su salvación como anhelamos la salvación de toda la humanidad. Tenemos que creer que el castigo eterno es verdadero y justo, pero debemos también anhelar que aun aquellos que persiguen con más severidad a la iglesia deben venir a la fe de Cristo y así escapar de la condenación eterna.

PREGUNTAS PARA APLICACIÓN PERSONAL

1. ¿Había usted pensado antes que habrá un juicio final para los creyentes? ¿Cómo afecta su vida hoy la conciencia del hecho de que todos compareceremos ante el trono del juicio de Cristo? ¿Cómo piensa que se sentirá cuando todas sus palabras y obras se hagan públicas el último día? ¿Hay algún elemento de temor cuando usted contempla ese día? Si es así, medite en 1 Juan 4:16-18:

   Y nosotros hemos llegado a saber y creer que Dios nos ama. Dios es amor. El que permanece en amor, permanece en Dios, y Dios en él. Ese amor se manifiesta plenamente entre nosotros para que en el día del juicio comparezcamos con toda confianza, porque en este mundo hemos vivido como vivió Jesús. En el amor no hay temor. El que teme espera el castigo, así que no ha sido perfeccionado en el amor.

2. ¿Ha pensado usted mucho en hacer tesoros en el cielo, o en obtener una recompensa celestial mayor? Si usted cree realmente en esta doctrina, ¿qué tipo de efecto cree que esto debe tener en su vida?

3. ¿Cómo piensa que se sentirá al participar con Cristo en el juicio de los ángeles, y de hecho en el juicio de todo el mundo (1 Co 6:2-3)? ¿Qué dice el hecho de que Dios nos permita participar en este juicio final sobre nuestra creación a imagen de Dios y sus propósitos para nosotros en el universo? ¿Qué sentimientos le provoca eso sobre sí mismo y su relación eterna con Dios?

4. Piense en algunos de sus amigos cristianos en su iglesia. ¿Cómo piensa que se sentirá cuando los observe comparecer ante Cristo en al juicio final? ¿Qué pensarán ellos de usted en ese momento? ¿Afecta la contemplación de este juicio futuro la manera en que usted piensa de su mutuo compañerismo como hermanos y hermanas de Cristo hoy?

5. ¿Le complace que haya un juicio final tanto para creyentes como para incrédulos? ¿Esto le hace tener un sentido de la justicia de Dios, o siente que en todo esto hay cierta injusticia o falta de equidad?

6. ¿Está convencido de que la Escritura enseña que habrá un castigo eterno consciente para los malvados? ¿Cuando piensa en esa idea en relación con Satanás y los demonios, siente que ello está bien?

7. ¿Hay alguien que le haya hecho daño en el pasado, y a quien le haya sido difícil perdonar? ¿Le ayuda la doctrina del juicio final a ser más capaz de perdonar a esa persona?

TÉRMINOS ESPECIALES

aniquilacionismo	juicio ante el gran trono blanco
castigo eterno consciente	juicio de las naciones
infierno	juicio final
inmortalidad condicional	universalismo

BIBLIOGRAFÍA

Beckwith, R. T. «Purgatory». En *NDT*, pp. 549-50.

Blamires, Harry. *Knowing the Truth About Heaven and Hell*. Knowing the Truth Series, eds. J. I. Parker and Peter Kreeft. Servant, Ann Arbor, 1988.

Buis, Harry. *The Doctrine of Eternal Punishment*. Presbyterian and Reformed, Philadelphia, 1957.

Cameron, Nigel M. de S., ed. *Universalism and the Doctrine of Hell*. Paternoster, Carlisle, U. K, y Baker, Grand Rapids, 1992.

Crockett, William, V., Z. J. Hayes, Clark H. Pinnock, and John F. Walvoord. *Four Views on Hell*. Zondervan, Grand Rapids, 1992.

Gerstner, John H. *Repent or Perish*. Lingonier, Pa.: Soli Deo Gloria, 1990.

Helm, Paul. «Universalism and the Threat of Hell». *TrinJ* vol. 4 N. S., No. 1 (Spring 1983): 35-43.

Hoekema, Anthony A. *The Bible and the Future*. Eerdmans, Grand Rapids, 1979, pp. 253-73.

Hubbard, D. A. «Last Judgment, The». En *EDT*, pp. 620-21.

Martin, James P. *The Last Judgment*. Eerdmans, Grand Rapids, 1983.

Morris, L. «Eternal Punishment». En *EDT*, pp. 369-70.

O'Donovan, O. M. T., and R. J. Song. «Punishment». En *NDT*, pp. 547-49.

Packer, J. I. «Evangelicals and the Way of Salvation: New Challenges to the Gospel—Universalism and Justification by Faith». En *Evangelical Affirmations*. Ed. Kenneth S. Kantzer and Carl H. Henry. Zondervan, Grand Rapids, 1990, pp. 107-36.

Travis, S. H. «Judgment of God». En *NDT*, p. 358.

PASAJE BÍBLICO PARA MEMORIZAR

Apocalipsis 20:11-13: *Y vi un gran trono blanco y al que estaba sentado en él, de delante del cual huyeron la tierra y el cielo, y ningún lugar se encontró para ellos. Y vi a los muertos, grandes y pequeños, de pie ante Dios; y los libros fueron abiertos, y otro libro fue abierto, el cual es el libro de la vida; y fueron juzgados los muertos por las cosas que estaban escritas en los libros, según sus obras. Y el mar entregó los muertos que había en él; y la muerte y el Hades entregaron los muertos que había en ellos; y fueron juzgados cada uno según sus obras.*

HIMNO

«El gran día del juicio»

Un matiz de lobreguez y juicio permea este himno, sin embargo, nos llama a enfocarnos fuertemente en la preparación del alma para encontrarse con Cristo y también un sentido de gozosa espera.

> Soñé que el gran día del juicio llegó, y sonó el clarín;
> Soñé ver los pueblos reunidos para oír de su suerte sin fin.
> Del cielo bajó un gran ángel, y parado en tierra y mar,
> Juró con la diestra alzada, que el tiempo ya no más será.
>
> Coro
> Con llanto y duelo entonces, los perdidos su cuenta darán;
> Clamarán a las rocas: «Cubrirnos»; orarán, pero tarde será.
>
> El rico llegó, mas su oro se fue, y se desvaneció,
> Cual pobre parose ante el trono, de sus deudas a Dios se acordó.
> El grande también, más la muerte le había quitado su honor:
> Y el ángel abriendo los libros, no halló nada en su favor.
>
> Vino el moralista al juicio, mas vana fue su pretensión;
> También los que a Cristo mataron hicieron moral profesión.
> Y en el alma quedaba la excusa: «hoy, no, otro día mejor»,

Halló que por siglos eternos sufría por su gran error.

AUTOR: BASADO EN AP 20:11-15 (TOMADO DE PRELUDIOS CELESTIALES #27)

Capítulo 5

LOS NUEVOS CIELOS Y LA NUEVA TIERRA

¿Qué es el cielo? ¿Es un lugar? ¿Cómo será renovada la tierra? ¿Qué será vivir en los nuevos cielos y la nueva tierra?

EXPLICACIÓN Y BASES BÍBLICAS

A. Viviremos eternamente con Dios en unos nuevos cielos y una nueva tierra

Tras el juicio final, los creyentes entrarán al pleno gozo de la vida en la presencia de Dios para siempre. Jesús nos dirá: «Vengan ustedes, a quienes mi Padre ha bendecido; reciban su herencia, el reino preparado para ustedes desde la creación del mundo» (Mt 25:34). Entraremos a un reino donde «ya no habrá maldición. El trono de Dios y del Cordero estará en la ciudad. Sus siervos lo adorarán» (Ap 22:3).

Al referirse a este lugar, los cristianos frecuentemente hablan de vivir con Dios «en el cielo» para siempre. Pero de hecho la enseñanza bíblica es mucho más rica que esto: nos dice que habrá nuevos cielos y *una nueva tierra* —una creación enteramente renovada—y viviremos con Dios allí.

El Señor promete a través de Isaías: «Presten atención, que estoy por crear *un cielo nuevo y una tierra nueva*. No volverán a mencionarse las cosas pasadas» (Is 65:17), y habla de «el cielo nuevo y la nueva tierra que yo haré» (Is 66:22). Pedro dice: «Según su promesa, esperamos *un cielo nuevo y una tierra nueva*, en los que habite la justicia» (2 P 3:13). En la visión de Juan de los eventos que siguen el juicio final, él dice: «Después vi *un cielo nuevo y una tierra nueva*, porque el primer cielo y la primera tierra habían dejado de existir» (Ap 21:1). Continúa diciendo que también habrá un nuevo tipo de unificación del cielo y la tierra, pues ve la ciudad santa, la «nueva Jerusalén, que bajaba del cielo, procedente de Dios» (Ap 21:2), y escucha una voz que proclama: «¡Aquí, entre los seres humanos, está la morada de Dios! Él acampará en medio de ellos, y ellos serán su pueblo; Dios mismo estará con ellos, y será su Dios!» (v. 3). De manera que habrá una unión del cielo y la tierra en esta nueva creación, y allí viviremos con Dios.

1. ¿Qué es el cielo? Durante esta era presente, al lugar donde habita Dios se le llama frecuentemente «cielo» en la Escritura. El Señor dice: «El cielo es mi trono» (Is 66:1), y Jesús nos enseña a orar: «Padre nuestro *que estás en el cielo* (Mt 6:9). Jesús ahora «*subió al cielo*, y tomó su lugar a la diestra de Dios» (1 P 3:22). De hecho, el cielo debe definirse como sigue: *El cielo es el lugar donde Dios da a conocer más plenamente su presencia para bendecir.*

Discutimos antes cómo Dios está presente en todas partes pero cómo manifiesta especialmente su presencia para bendecir en ciertos lugares. La manifestación más esplendorosa de la presencia de Dios se percibe en el cielo, donde da a conocer su gloria, y donde los ángeles, otras criaturas celestiales y los santos redimidos lo adoran.

2. El cielo es un lugar, no un estado mental. Pero puede que alguien se pregunte cómo se une a la tierra. Está claro que la tierra es un *sitio* que existe en el espacio-tiempo de nuestro universo, ¿pero puede pensarse en el cielo como un *sitio* que se une a la tierra?

Fuera del mundo evangélico, la idea del cielo como un sitio se niega a menudo, principalmente porque su existencia solo se puede conocer por el testimonio de la Escritura. Recientemente algunos eruditos evangélicos han vacilado a la hora de confirmar el hecho de que el cielo es un sitio[1]. ¿Puede ser un motivo para no creer que el cielo es un sitio real el hecho de que *solo* conocemos sobre el cielo por la Biblia, y no podemos dar ninguna prueba empírica de él?

El Nuevo Testamento enseña que el cielo es un lugar de diferentes maneras y con mucha claridad. Cuando Jesús fue llevado al cielo, el hecho de que iba a un *sitio* parece ser todo el objetivo de la narración, y el propósito que Jesús intentó que sus discípulos comprendieran mientras ascendía gradualmente en tanto les hablaba: «Mientras ellos lo miraban, fue llevado a las alturas hasta que una nube lo ocultó de su vista» (Hch 1;9; cf. Lc 24:51: «Mientras los bendecía, se alejó de ellos»). Los ángeles exclamaron: «Este mismo Jesús, que ha sido llevado de entre ustedes al cielo, vendrá otra vez de la misma manera que lo han visto irse» (Hch 1:11). Es difícil imaginar cómo se podría enseñar con más claridad el hecho de la ascensión a un *sitio*.

Una conclusión similar puede deducirse de la historia de la muerte de Esteban. Justo antes que lo apedrearan, él, «lleno del Espíritu Santo, fijó la mirada en el cielo y vio la gloria de Dios, y a Jesús de pie a la derecha de Dios. —¡Veo el cielo abierto —exclamó—, y al Hijo del hombre de pie a la derecha de Dios!» (Hch 7:55-56). Él no vio meros símbolos de un estado de existencia. Parece más bien que sus ojos se abrieron para divisar una dimensión de la realidad que Dios nos ha ocultado en la era presente, una dimensión que, sin embargo, sí existe en el espacio / tiempo de nuestro universo, y dentro de la cual Jesús vive ahora en

---

[1]Millard Erikson, *Christian Theology*, dice: «A pesar de que el cielo es tanto un lugar como un estado, es en primer lugar un estado» (p. 1232), una afirmación que es difícil de comprender. Algo es un lugar o no lo es; no es algo como un lugar sino «principalmente un estado». Aun más enérgico es Donald Guthrie, quien dice del Nuevo Testamento: «No debemos esperar, sin embargo, hallar la descripción de un lugar, tanto como la presencia de una persona», (*New Testament Theology*, p. 875) y «Pablo no piensa en el cielo como un lugar, sino piensa en él en términos de la presencia de Dios» (New Testament Theology, p. 880). ¿Pero tiene sentido esa distinción? Si una persona está *presente*, entonces por definición existe un *lugar*, porque estar «presente» significa estar «situado en este lugar».

su cuerpo resucitado, esperando incluso el momento en que regresará a la tierra. Por otro lado, el hecho de que tendremos cuerpos resucitados como el cuerpo resucitado de Cristo indica que el cielo será un sitio, pues esos cuerpos resucitados (hechos perfectos, para nunca volverse débiles o morir otra vez) habitarán en un lugar específico en un momento específico, justo como lo hace Jesús ahora en su cuerpo resucitado. El concepto del cielo como un sitio es también el sentido más simple en que se puede entender la promesa de Jesús: «Voy a prepararles un *lugar*» (Jn 14:2). Él habla con mucha claridad de regresar al Padre desde su existencia en este mundo, y entonces volver de nuevo: «Y si me voy y se lo preparo, vendré para llevármelos conmigo. Así ustedes estarán *donde yo esté* (Jn 14:3).

Estos textos nos llevan a concluir que incluso ahora el cielo es un sitio, aunque su ubicación nos es desconocida y nuestros sentidos naturales no pueden percibir su existencia . Es este sitio donde habita Dios el que de alguna forma será renovado en el momento del juicio final y se unirá a una tierra renovada.

3. La creación física será renovada y seguiremos existiendo y actuando en ella. Además de un cielo renovado, Dios hará una «nueva tierra» (2 P 3:13; Ap 21:1). Varios pasajes indican que la creación física será renovada de una forma significativa. «La creación aguarda con ansiedad la revelación de los hijos de Dios, porque fue sometida a la frustración. Esto no sucedió por su propia voluntad, sino por la del que así lo dispuso. Pero queda la firme esperanza de que *la creación misma ha de ser liberada de la corrupción que la esclaviza, para así alcanzar la gloriosa libertad de los hijos de Dios*» (Ro 8:19-21).

Pero ¿será la tierra solo renovada, o será completamente destruida y reemplazada por otra tierra nueva creada por Dios? Algunos pasajes parecen hablar de una creación enteramente nueva: El autor de Hebreos (citando el Salmo 102) nos dice de los cielos y la tierra: «Ellos perecerán, pero tú permaneces para siempre. Todos ellos se desgastarán como un vestido. Los doblarás como un manto, y los cambiarán como ropa que se muda» (Heb 1:11-12). Después nos dice que Dios ha prometido: «Aun una vez, y conmoveré no solamente la tierra, sino también el cielo», una sacudida tan severa como para implicar «la remoción de las cosas visibles… para que no puedan ser removidas» (Heb 12:26-27). Pedro dice: «Pero el día del Señor vendrá como un ladrón. En aquel día *los cielos desaparecerán con un estruendo espantoso*, los elementos serán destruidos por el fuego, *y la tierra, con todo lo que hay en ella, será quemada*» (2 P 3:10). Una descripción similar se encuentra en Apocalipsis, donde Juan dice: «Y vi un gran trono blanco… de delante del cual huyeron la tierra y el cielo, y ningún lugar se encontró para ellos» (Ap 20:11). Por otro lado, Juan dice: «Después vi un cielo nuevo y una tierra nueva, porque el primer cielo y la primera tierra habían dejado de existir, lo mismo que el mar» (Ap 21:1).

Dentro del mundo protestante, ha habido desacuerdo sobre si la tierra será destruida completamente y reemplazada, o solo cambiada y renovada. Berkhof dice que eruditos luteranos han hecho énfasis en el hecho de que será una creación enteramente nueva, mientras eruditos reformados han tendido a enfatizar aquellos versículos que dicen simplemente que la presente creación será renovada[2]. La posición reformada parece

---

[2]Berkhof, *Systematic Theology*, p. 737.

preferible aquí, pues es difícil pensar que Dios aniquilaría completamente su creación original, dándole así aparentemente al diablo la última palabra y convirtiendo en chatarra la creación que originalmente era «muy buena» (Gn 1:31). Los pasajes anteriores que hablan de sacudir y remover la tierra y de la primera tierra que deja de existir, puede que se refieran a su existencia en la forma presente, no propiamente a su existencia en sí misma, y aun 2 Pedro 3:10, que habla de los elementos que se disuelven y de la tierra y lo que hay en ella que se quema, puede que no se refiera a la tierra como un planeta, sino más bien a las cosas de la superficie de la tierra (esto es, a gran parte del terreno y las cosas sobre el terreno).

4. Nuestros cuerpos resucitados serán parte de la creación renovada. En los nuevos cielos y la nueva tierra habrá actividades y un lugar para nuestros cuerpos resucitados, que nunca envejecerán o se debilitarán o se enfermarán. Una sólida consideración a favor de este punto de vista es el hecho que Dios hizo «muy buena» (Gn 1:31) la creación física original. Por consiguiente no hay nada intrínsicamente pecador o malo o «no espiritual» en el mundo físico que hizo Dios o en las criaturas que puso en él, o en los cuerpos físicos que nos dio en la creación. Aunque el pecado ha desfigurado y distorsionado todas estas cosas, Dios no destruirá completamente el mundo físico (lo que sería un reconocimiento de que el pecado ha frustrado y derrotado los propósitos de Dios), sino más bien perfeccionará el mundo entero y lo pondrá en armonía con los propósitos para los cuales originalmente lo creó. Por lo tanto podemos esperar que allí, en los nuevos cielos y la nueva tierra, exista un mundo completamente perfecto que sea otra vez «muy bueno». Y podemos esperar que tengamos cuerpos físicos que de nuevo serán «muy buenos» a la vista de Dios, y que funcionarán para que se cumplan los propósitos para los cuales él colocó al hombre sobre la tierra.

Cuando el autor de Hebreos dice que «todavía» no vemos que todo esté sujeto al hombre (Heb 2:8), implica que todas las cosas estarán un día sujetas a nosotros, bajo el reinado del hombre Cristo Jesús (note v. 9: «Sin embargo, vemos a Jesús… coronado de gloria y honra»). Esto cumplirá el plan original de Dios de que todo en el mundo esté sujeto a los seres humanos que él ha hecho. En este sentido, entonces, nosotros «heredaremos la tierra» (Mt 5:5) y reinaremos sobre ella como Dios originalmente quiso.

Por esa razón, no debe asaltarnos la sorpresa al encontrar que algunas de las descripciones de la vida en el cielo incluyan aspectos que son parte, en gran medida, de la creación física o material que Dios ha hecho. *Comeremos y beberemos* en la «cena de las bodas del Cordero» (Ap 19:9). Jesús «volverá a beber del fruto de la vid» (Lc 22:18). El «*río* de agua de vida» fluirá «del trono de Dios y del Cordero… por el centro de *la calle principal de la ciudad*» (Ap 22:1). El *árbol de la vida* producirá «doce cosechas al año» (Ap 22:2). No hay un motivo sólido para decir que estas expresiones son meramente simbólicas, sin ninguna referencia literal. ¿Son los banquetes simbólicos, los vinos simbólicos, los ríos simbólicos y los árboles simbólicos de algún modo superiores a los banquetes reales, al vino real, a los ríos reales y a los árboles reales del plan eterno de Dios? Estas cosas son solo algunos de los aspectos excelentes de la perfección y última bondad de la creación física que Dios ha hecho. Por supuesto, hay descripciones simbólicas en el libro de Apocalipsis, y es inevitable que en algunos puntos no seamos capaces de decidir si algo debe ser tomado simbólicamente o literalmente. Pero no parece difícil pensar que la descripción de la ciudad celestial con puertas y muros y cimientos es una descripción de algo que es literal y real, «la ciudad santa, Jerusalén, que bajaba del cielo, procedente de Dios. Resplandecía con la gloria de Dios, y su brillo era como el de una piedra preciosa» (Ap 21:10-11). «La calle principal de la ciudad era de oro puro, como cristal transparente... los reyes de la tierra le entregarán sus espléndidas riquezas. Sus puertas estarán abiertas todo el día, pues allí no habrá noche. Y llevarán a ella todas las riquezas y el honor de las naciones» (Ap 21:21-26). Mientras que posiblemente alberguemos cierta incertidumbre sobre la comprensión de determinados detalles, no parece inconsistente con esta descripción decir que comeremos y beberemos en los nuevos cielos y la nueva tierra, y que llevaremos a cabo también otras actividades. La música es ciertamente algo que resalta en las descripciones del cielo en Apocalipsis, y podemos imaginar que se realizarán actividades tanto musicales como artísticas para la gloria de Dios. Quizás la gente trabajará en toda una variedad de investigaciones y desarrollo de la creación por medios tecnológicos, de invención y creativos, mostrando así toda la dimensión de su excelente creación a la imagen de Dios. Por otro lado, como Dios es infinito y su «grandeza es insondable (Sal 145:3), y como somos criaturas finitas que nunca igualaremos el conocimiento de Dios o seremos omniscientes[3], podemos esperar que por toda la eternidad sigamos aprendiendo más sobre Dios y sobre su relación con la creación. De esta manera continuaremos el proceso de aprendizaje que se inició en esta vida, en la que vivir «de manera digna del Señor» conlleva «crecer en el conocimiento de Dios» continuamente (Col 1:10).

5. La nueva creación no será «atemporal» sino incluirá una sucesión infinita de momentos. Aunque un popular himno habla del momento «cuando suene la trompeta del Señor y se termine el tiempo», la Escritura no sostiene esa idea. Ciertamente, en la ciudad celestial que recibe su luz de la gloria de Dios (Ap 21:23) nunca habrá oscuridad ni noche: «Pues allí no habrá noche» (Ap 21:25). Pero esto no significa que el cielo será un lugar donde se desconozca el tiempo, o donde no se pueda hacer una cosa después de otra. De hecho, todas las descripciones del culto celestial en el libro de Apocalipsis incluyen palabras que se pronuncian una tras otra en oraciones coherentes, y acciones (tales como caer delante del trono de Dios y lanzar coronas ante su trono) que implican una secuencia de eventos. Cuando leemos que «los reyes de la tierra... llevarán a ella todas las riquezas y el honor de las naciones» (Ap 21:24-26), vemos otra actividad que implica una secuencia de eventos, uno que ocurre tras el otro. Y ciertamente tiene claras implicaciones el hecho de que el árbol de la vida produzca doce cosechas al año, *una por mes* (Ap 22:2).

Como somos criaturas finitas, también podemos esperar que siempre vivamos en una sucesión de momentos. Justo como nunca alcanzamos la omnisciencia u omnipresencia de Dios, nunca alcanzaremos la eternidad de él en el sentido de ver todo el tiempo

---

[3]1 Corintios 13:12 no dice que seríamos omniscientes o conoceríamos todas las cosas (Pablo podría haber dicho que conoceríamos todas las cosas, *ta panta*, si lo hubiera querido decir), pero, correctamente traducido, simplemente dice que conoceríamosde una manera más profunda o completa, «tal y como soy conocido», esto es, sin error alguno o equivocaciones en nuestro conocimiento.

con la misma lucidez y no vivir en una sucesión de momentos o estar limitados por el tiempo. Como criaturas finitas, más bien viviremos en una sucesión de momentos que nunca tendrá fin.

B. La doctrina de la nueva creación provee una gran motivación para acumular tesoros en el cielo en lugar de en la tierra

Cuando consideramos el hecho de que esta creación presente es temporal y que nuestra vida en la nueva creación durará una eternidad, tenemos una fuerte motivación para una vida piadosa y para vivir de tal manera que acumulemos tesoros en el cielo. Al reflexionar sobre el hecho de que el cielo y la tierra serán destruidos, Pedro dice lo siguiente:

Ya que todo será destruido de esa manera, ¿no deberían vivir ustedes como Dios manda, siguiendo una conducta intachable y esperando ansiosamente la venida del día de Dios? Ese día los cielos serán destruidos por el fuego, y los elementos se derretirán con el calor de las llamas. Pero, según su promesa, esperamos un cielo nuevo y una tierra nueva, en la que habite la justicia. (2 P 3:11-13)

Y Jesús nos dice de manera bien explícita:

No acumulen para sí tesoros en la tierra, donde la polilla y el óxido destruyen, y donde los ladrones se meten a robar. Más bien, acumulen para sí tesoros en el cielo, donde ni la polilla ni el óxido carcomen, ni los ladrones se meten a robar. Porque donde esté tu tesoro, allí estará también tu corazón. (Mt 6:19-21)[4].

C. La nueva creación será un sitio de gran belleza y abundancia y gozo en la presencia de Dios

En medio de todas las preguntas que naturalmente tenemos en relación con los nuevos cielos y la nueva tierra, no podemos perder de vista el hecho de que la Escritura consistentemente describe esta nueva creación como un sitio de gran belleza y gozo. En la descripción del cielo en Apocalipsis 21 y 22, este tema se confirma una y otra vez. Se trata de una «ciudad santa» (21:2), un lugar preparado «como una novia hermosamente vestida para su prometido» (21:2). En ese lugar «no habrá muerte, ni llanto, ni lamento ni dolor» (21:4). Allí podemos «beber gratuitamente de la fuente del agua de la vida» (21:6). Es una ciudad que «resplandecía con la gloria de Dios, y su brillo era como el de una piedra preciosa, semejante a una piedra de jaspe transparente» (21:11). Es una ciudad de dimensiones enormes, ya sea que las medidas se entiendan literalmente o de manera simbólica. «Tenía dos mil doscientos kilómetros» y su «anchura y su *altura* eran iguales»

---

[4]Vea la discusión de los grados de recompensa celestial en el capítulo 4, Sección .3.

(21:16). Partes de la ciudad están construidas de inmensas piedras preciosas de varios colores (21:18-21). Estará libre de todo mal, pues «nunca entrará en ella nada impuro, ni los idólatras ni los farsantes, sino sólo aquellos que tienen su nombre escrito en el libro de la vida» (21:27). En esa ciudad también detentaremos posiciones para gobernar sobre la entera creación de Dios, pues [los siervos de Dios] «reinarán por los siglos de los siglos (22:5).

Pero mucho más importante que la belleza física de la ciudad celestial, más importante que el compañerismo que gozaremos eternamente junto a todo el pueblo de Dios de todas las naciones y todos los períodos de la historia, más importantes que estar libres del dolor, la pena y el sufrimiento físico, y más importante que gobernar el reino de Dios,mucho más importante que todas estas cosas será el hecho de que estaremos en la presencia de Dios y gozaremos de un compañerismo ilimitado con él. «¡Aquí, *entre los seres humanos, está la morada de Dios.* Él acampará en medio de ellos, y ellos serán su pueblo; *Dios mismo estará con ellos* y será su Dios. Él les enjugará toda lágrima de los ojos» (21:3-4).

En el Antiguo Testamento, cuando la gloria de Dios llenaba el templo, los sacerdotes no podían «estar allí para ministrar» (2 Cr 5:14). En el Nuevo Testamento, cuando la gloria de Dios rodeó a los pastores en el campo fuera de Belén «la gloria del Señor los envolvió en su luz, y se llenaron de temor» (Lc 2: 9). Pero en la ciudad celestial seremos capaces de sobrellevar el poder y la santidad de la presencia de la gloria de Dios. «La ciudad no necesita ni sol ni luna que la alumbren, *porque la gloria de Dios la ilumina, y el Cordero es su lumbrera*» (21:23). Esta será la realización del propósito de Dios «que nos llamó por su propia gloria y potencia» (2 P 1:30): entonces habitaremos constantemente «con gran alegría ante su gloriosa presencia» (Judas 1:24; cf. Ro 3:23; 8:18; 9:23; 1 Co 15:43; 2 Co 3:18; 4:17; Col 3:4: 1 Ts 2:12; Heb 2:10; 1 P 5;1, 4, 10).

En esa ciudad viviremos en la presencia de Dios, pues «el trono de Dios y del Cordero estará en la ciudad. Sus siervos lo adorarán» (22:3). De vez en cuando experimentamos aquí en la tierra el gozo de la genuina adoración de Dios, y comprendemos que nuestro máximo gozo es darle gloria a él. Pero en esa ciudad este gozo se multiplicará muchas veces y conoceremos la consumación de aquello para lo que nos crearon. Nuestro mayor gozo será ver al propio Señor y estar con él para siempre. Cuando Juan habla de las bendiciones de la ciudad celestial, la culminación de esas bendiciones llega en la breve declaración: *Lo verán cara a cara* (22:4). Cuando miremos el rostro de nuestro Señor y él nos devuelva la mirada con infinito amor, veremos en él la consumación de todo lo que sabemos bueno y justo y deseable en el universo. En el rostro de Dios veremos la consumación de todos los anhelos que alguna vez hemos sentido de conocer el amor, la paz, y el gozo perfectos, y de conocer la verdad y la justicia, la santidad y sabiduría, la bondad y el poder, la gloria y la belleza. Cuando contemplemos el rostro de nuestro Señor, conoceremos más plenamente que nunca antes que «*me llenarás de alegría en tu presencia, y de dicha eterna a tu derecha*» (Sal 16:11). Entonces se cumplirá el anhelo de nuestros corazones, con los cuales hemos clamado en el pasado: «Una sola cosa le pido al SEÑOR, y es lo único que persigo: habitar en la casa del SEÑOR todos los días de mi vida, *para contemplar la hermosura del SEÑOR* y recrearme en su templo» (Sal 27:4).

Cuando al final veamos al Señor cara a cara, nuestros corazones no querrán nada más. «*¿A quién tengo en el cielo sino a ti? Si estoy contigo, ya nada quiero en la tierra… Dios fortalece mi corazón; él es mi herencia eterna*» (Sal 73:25-26). Entonces, con gozo nuestros corazones y voces se unirán con los redimidos de todas las edades y con los poderosos ejércitos del cántico celestial entonando: «Santo, santo, santo es el Señor Dios Todopoderoso, el que era, el que es, y el que ha de venir» (Ap 4:8).

PREGUNTAS PARA APLICACIÓN PERSONAL

1. En su vida cristiana hasta este punto, ¿ha pasado mucho tiempo pensando sobre la vida en los nuevos cielos y la nueva tierra? ¿Piensa que la anhela con fuerza? Si no ha sentido un fuerte anhelo, ¿por qué piensa usted que ha sido así?

2. ¿De qué maneras este capítulo lo ha hecho apasionarse más por la entrada en la ciudad celestial? ¿Qué posibles efectos sobre su vida cristiana suscitarían un mayor anhelo de la vida por venir?

3. ¿Está usted convencido de que la nueva creación es un lugar donde existiremos con cuerpos físicos perfectos? Si es así, ¿lo alienta o desalienta esta idea? ¿Por qué? ¿Por qué piensa que es necesario insistir en que el cielo es un sitio real aun hoy?

4. ¿Cuáles son algunas maneras a través de las que ha acumulado un tesoro en el cielo en lugar de en la tierra? ¿Hay otras maneras en que podría hacer eso ahora en su propia vida? ¿Piensa que lo hará?

5. A veces las personas han pensado que se aburrirán en la vida por venir. ¿Siente usted lo mismo? ¿Cuál es una buena respuesta para objetar que el estado de eternidad será aburrido?

6. ¿Puede usted describir cómo piensa que se sentirá cuando comparezca ante la presencia de Dios y lo vea cara a cara?

TÉRMINOS ESPECIALES

cielo
nuevos cielos y nueva tierra

BIBLIOGRAFÍA

Blamires, Harry. *Knowing the Truth About Heaven and Hell*. Knowing the Truth series, eds. J. I. Packer and Peter Kreeft. Ann Arbor: Servant, 1988.
Gilmore, John. *Probing Heaven: Key Questions on the Hereafter*. Grand Rapids: Baker, 1989.
Grider, J.K. «Heaven». En *EDT*, pp. 499-500.

Hoekema, Anthony A. «The New Earth». En *The Bible and the Future*. Grand Rapids: Eerdmans, 1979, pp. 274-87.

Lincoln, Andrew T. *Paradise Now and Not Yet: Studies in the Role of the Heavenly Dimension in Paul's Though With Special References to His Eschatology*. Society for New Testament Studies Monograph Series. Londres; Nueva York: Cambridge, 1981.

Murray, John. «Glorification». En *Redemption Accomplished and Applied*. Grand Rapids: Eerdmans, 1955, pp. 174-81

Smith, Wilbur M. *The Biblical Doctrine of Heaven*. Chicago: Moody, 1968.

PASAJE BÍBLICO PARA MEMORIZAR

Apocalipsis 21:3-4: *Oí una potente voz que provenía del trono y decía: «¡Aquí, entre los seres humanos, está la morada de Dios! Él acampará en medio de ellos, y ellos serán su pueblo; Dios mismo estará con ellos y será su Dios. Él les enjugará toda lágrima de los ojos. Ya no habrá muerte, ni llanto, ni lamento ni dolor, porque las primeras cosas han dejado de existir».*

HIMNO

«Yo espero la mañana»

Yo espero la mañana,
De aquel día sin igual,
De donde la dicha emana
Y do el gozo es eternal.

Coro
Esperando, esperando,
Otra vida sin dolor,
Do me den la bienvenida,
de Jesús mi Salvador.

Yo espero la victoria,
De la muerte al fin triunfar.
Recibir la eterna gloria,
Y mis sienes coronar.

Yo espero ir al cielo
Donde reina eterno amor;
Peregrino soy y anhelo
Las moradas del Señor.

Pronto espero unir mi canto,
Al triunfante y celestial,
Y poder cambiar mi llanto
Por un canto angelical.

AUTOR: W. G. IRWIN, TRAD. PEDRO GRADO
(TOMADO DEL NUEVO HIMNARIO POPULAR #37)

Nos agradaría recibir noticias suyas.
Por favor, envíe sus comentarios sobre este libro
a la dirección que aparece a continuación.
Muchas gracias.

Editorial Vida
Vida@zondervan.com
www.editorialvida.com